D1748497

Sigrid Hirbodian, Sabine Klapp und Tjark Wegner (Hg.)
Frauen in Württemberg

Landeskundig.

Tübinger Vorträge zur Landesgeschichte

Herausgegeben vom Institut für Geschichtliche Landeskunde und historische Hilfswissenschaften der Universität Tübingen

Band 1

Jan Thorbecke Verlag

Frauen in Württemberg

Herausgegeben von Sigrid Hirbodian, Sabine Klapp
und Tjark Wegner

Jan Thorbecke Verlag

MIX
Papier aus verantwor-
tungsvollen Quellen
FSC® C014496

Für die Schwabenverlag AG ist Nachhaltigkeit ein wichtiger Maßstab ihres Handelns. Wir achten daher auf den Einsatz umweltschonender Ressourcen und Materialien.

Bibliografische Information der Deutschen Nationalbibliothek
Die Deutsche Nationalbibliothek verzeichnet diese Publikation in der Deutschen Nationalbibliografie; detaillierte bibliografische Daten sind im Internet über http://dnb.d-nb.de abrufbar.

Alle Rechte vorbehalten
© 2016 Jan Thorbecke Verlag der Schwabenverlag AG, Ostfildern
www.thorbecke.de

Umschlaggestaltung: Finken & Bumiller Stuttgart
Umschlagabbildung: Madame Kaulla, Kopie von C. Berger, um 1805, nach Johann Baptist Seele (© Landesmuseum Württemberg, Stuttgart, Foto: P. Frankenstein, H. Zwietasch)
Druck: GGP Media GmbH, Pößneck
Hergestellt in Deutschland
ISBN 978-3-7995-2070-6

Inhalt

Sigrid Hirbodian, Sabine Klapp und Tjark Wegner
Einführung — 7

Jörn Staecker
Die alamannische Frau — 13
mit einem Beitrag zur Fibel von Wittislingen von Felicia Stahl

Peter Hilsch
Gräfin Agnes — 43

Ellen Widder
Geliebte des Kaisers, Landesherrin, Geschäftsfrau und Nonne.
Frauen in und um das mittelalterliche Winnenden — 51

Sabine Klapp
Geistliche Frauen – mächtige Frauen?
Die Äbtissinnen von Buchau im Mittelalter und in der Frühen Neuzeit — 81

Peter Rückert
Antonia Visconti und Barbara Gonzaga:
Italienische Prinzessinnen am württembergischen Hof — 107

Joachim Kremer
Die Herzogswitwe Magdalena Sibylla von Württemberg:
Förderin des frühen Pietismus in Württemberg — 139

Benigna Schönhagen
»Unter Königen erwarb sie sich einen großen Namen.«
Karoline Kaulla aus Hechingen – die erste Unternehmerin
in Südwestdeutschland — 151

Bildrechtenachweise — 175

Einführung

Von Sigrid Hirbodian, Sabine Klapp und Tjark Wegner

»Frauen in Württemberg« – manch einem wird dabei der Titel eines Werkes in Erinnerung kommen, das postum zum 80. Geburtstag des ehemaligen Direktors des Instituts für Geschichtliche Landeskunde und Historische Hilfswissenschaften der Universität Tübingen, Hans-Martin Decker-Hauff, erschienen ist und in dem eine vielbeachtete Fernsehreihe zu diesem Thema zur Buchform umgearbeitet wurde: *Frauen im Hause Württemberg*. Das große erzählerische Talent Decker-Hauffs hat diese Serie wie auch das Buch zu einem riesigen Erfolg werden lassen. Landesgeschichte ist seit Decker-Hauff in Baden-Württemberg ein Thema, das nicht nur einige Fachgelehrte und Heimatforscher interessiert, sondern das auf breites Interesse und große Aufmerksamkeit zählen darf.

Seit den Zeiten Decker-Hauffs hat sich beim Thema »Frauenforschung«, die sich mittlerweile zu »gender-studies« entwickelt hat, eine Menge getan. Mit dem berühmten Buch von Edith Ennen *Frauen im Mittelalter* wurde das Thema in den 1980er Jahren für die deutschsprachige Forschung im großen Maßstab erschlossen. Seither hat die amerikanische Mediävistik, die die Theoriediskussion in diesem Bereich maßgeblich vorangetrieben hat, ein weites Feld durchschritten. Ging es zunächst, wie noch bei Decker-Hauff, darum, den Beitrag herausragender, besonderer Frauen für die Entwicklung der Geschichte herauszustellen, sozusagen den großen Männern, die angeblich Geschichte machen, die großen Frauen an die Seite zu stellen, so interessierte sich die Frauengeschichte der 1980er Jahre für die Lebensbedingungen der Frauen insgesamt. Neben Fürstinnen und Königinnen fanden nun auch geistliche Frauen sowie Bürgerinnen und Bäuerinnen Interesse. Die Frage war nicht mehr so sehr, wie einzelne Frauen in Ausnahmefällen den Gang der Geschichte gestalten und beeinflussen konnten, sondern wie und unter welchen Bedingungen die »andere Hälfte« der Menschen lebte und wirkte. Man fragte nach den rechtlichen Grundlagen ihrer Existenz – durften Frauen Besitz erwerben, vor Gericht erscheinen, eigenständig Ehen schließen usw.? Es interessierten jetzt auch die wirtschaftlichen Gegebenheiten – konnten Frauen als Meisterin ein Gewerbe betreiben? Wie war die Stellung der Bäuerin in der Grundherrschaft oder welche Rechte hatte eine Magd? Seit dem Ende des 20. Jahrhunderts stellen Historiker aber – angeregt durch die amerikanische Forschung – viel grundsätzlicher die Frage nach weiblicher – und männlicher – Identität und Sozialisation. Statt »Geschlecht« oder im englischen »sex«, womit man das biologische Geschlecht einer Person bezeichnet, fragt man nach dem »sozialen Geschlecht« oder eben nach »Gender« (womit ursprünglich im Englischen das grammatische Geschlecht, also das Genus, bezeichnet wird). Im Gegensatz zum biologischen Geschlecht, dem von Geburt an festgelegten Geschlechtsmerkmalen »männlich« und »weiblich«, meint man damit: Was bedeutet es, in einer bestimmten Kultur zu einem bestimmten Zeitpunkt eine männliche oder weibliche Person zu sein? Welche Verhaltensmuster, Normen, Vorgaben, Rollen sieht die jeweilige Umwelt für Männer und Frauen vor? Wie werden diese dadurch von ihrer Umwelt geprägt?

Gender-Forschung ist also nicht einfach eine modernere Bezeichnung für Frauenforschung, sondern geht von grundsätzlich anderen Vorüberlegungen aus. Um es mit Simone de Beauvoir zu sagen: *On ne naît pas femme, on le devient* (Man ist nicht als Frau geboren, man wird es). Die Forschung interessiert also mittlerweile, wie die Umwelt Menschen zu Frauen und Männern macht, was es zum Beispiel im Mittelalter bedeutet, eine adlige Frau, ein adliger Mann zu sein. Gender-Forschung ist mithin immer vergleichend angelegt in zweierlei Hinsicht: Vergleichend zwischen Männern und Frauen, denn nur die Abgrenzung zwischen den Geschlechtern macht deren jeweilige gesellschaftliche Besonderheiten aus. Und vergleichend in Bezug auf ihr gesellschaftliches Umfeld, denn die Sozialisation einer Person zu einem Mann oder einer Frau ist nie ohne die jeweilige Umgebung zu verstehen. Genderforschung ist mithin immer auch sozialgeschichtliche Forschung.

Die Vortragsreihe des Studium Generale, aus dem dieser Band hervorgegangen ist, hieß aber nicht »Gender in Württemberg«, sondern »Frauen in Württemberg«. Die Entscheidung hierzu fiel schließlich nach reiflichen Überlegungen ganz bewusst: Diese Vortragsreihe und somit auch der Band sind nicht für Spezialisten gedacht, etwa für Sozialhistoriker und Genderforscher, die sich über die aktuellen Forschungstrends austauschen wollen, sondern wenden sich an ein breiteres Publikum. Selbstverständlich sollen hier die Ergebnisse der aktuellen Forschung vorgestellt werden, aber ohne ausführliche Theorie- und Spezialistendiskussionen. Außerdem sind die Fragestellungen der älteren Frauengeschichte zwar nicht mehr die aktuellsten, aber sie sind keineswegs erschöpfend behandelt worden. So wissen wir freilich einiges über »Frauen in der kurkölnischen Wirtschaft«, über »geistliche Frauen im Hochmittelalter« oder »die Königin im mittelalterlichen Reich« – aber noch lange nicht alles über hochadlige Herrscherinnen im 10. Jahrhundert, die Handlungsspielräume württembergischer Fürstinnen oder den Einfluss jüdischer Händlerinnen im 18. Jahrhundert. Viele der thematischen Facetten, die in dem großen Buch von Decker-Hauff aufgeworfen sind, werden erst von der neueren Forschung durch intensives Quellenstudium erforscht. Manch neues Ergebnis, vor allem aber manch neue Wertung und Einordnung dürfen Sie in diesem Band erwarten, auch oder gerade zu den Frauen, die schon Decker-Hauff in seiner schönen Filmreihe thematisiert hat.

Dieser Band will also den aktuellen Forschungsstand zu Frauenleben in verschiedenen Zeiten – vom Frühmittelalter bis zum Beginn des 19. Jahrhunderts – und in verschiedenen Kontexten vermitteln und dabei einen ganz groben Längsschnitt durch ein unendlich breites und vielschichtiges Thema legen – nicht mehr und nicht weniger. Mit den beiden Stichworten »Frauen« und »Württemberg« ist das Thema abgegrenzt. Württemberg soll dabei einen sehr groben räumlichen Bezugspunkt, keinesfalls ein irgendwie geartetes staatliches Gebilde oder gar eine zielgerichtete Entwicklung von den Alemannen bis zum Königreich des 19. Jahrhunderts andeuten! Ebenso gut hätte der Band beziehungsweise die Vortragsreihe »Frauen in Südwestdeutschland« heißen können.

Neben Historikern kommen in diesem Band auch ein Archäologe und ein Musikwissenschaftler zu Wort – damit wird der Interdisziplinarität der geschichtlichen Landeskunde Rechnung getragen. Dieser Dialog kann, so unsere feste Überzeugung, der rein historischen Annäherung an das Thema eine Reihe weiterer interessanter Perspektiven hinzufügen. Es ließen sich natürlich noch eine ganze Reihe anderer Disziplinen vorstellen wie die Germanistik, die historische Geographie oder die

Kunstgeschichte. »In Grenzen unbegrenzt«, so lautet eine berühmte Definition der geschichtlichen Landeskunde durch Ludwig Petry und dieses Motto möge sowohl in Hinsicht auf die Disziplinen als auch hinsichtlich der Fragestellungen über diesem ersten Band der Reihe *landeskundig. Tübinger Vorträge zur Landesgeschichte* genauso stehen wie über den noch folgenden.

Leider konnten nicht alle Vorträge des Studiums Generale »Frauen in Württemberg« in diesem Band aufgenommen werden. So haben Dr. Carla Meyer (Universität Heidelberg), Prof. Dr. Jürgen Dendorfer (Universität Freiburg) und Prof. Dr. Steffen Patzold (Universität Tübingen) wunderbare Vorträge in der Reihe gehalten, die aus verschiedenen Gründen hier nicht zum Druck gelangt sind. Die Beiträge von Prof. Dr. Peter Hilsch und Prof. Dr. Ellen Widder hingegen konnten ergänzend zur Vortragsreihe in unserem Band aufgenommen werden.

Den Anfang dieses Bandes macht der Archäologe Prof. Dr. Jörn Staecker (Universität Tübingen), der das Leben alemannischer Frauen beleuchtet. Ergänzt wird sein Beitrag durch einen Exkurs von Felicia Stahl über eine Fibel, die in einem Frauengrab in Wittislingen gefunden wurde. Anschließend präsentiert Prof. Dr. Peter Hilsch (Universität Tübingen) neue Ergebnisse zu Gräfin Agnes und ihrer Ehe mit Ulrich I. sowie deren Bedeutung für die Grafschaft Württemberg. Prof. Dr. Ellen Widder (Universität Tübingen) wiederum orientiert sich in ihrem Aufsatz an einem Ort, Winnenden, um anhand dieses Beispiels »grundsätzliche Aspekte weiblicher Existenz mit Mittelalter« aufzuzeigen. Im Beitrag von Dr. Sabine Klapp (Universität Tübingen) wird die Institution Frauenstift mit dem Schwerpunkt der Äbtissinnen sowie deren Herrschaftsbereiche und Handlungsspielräume vorgestellt. Den zeitlichen Schwerpunkt legt sie auf das Mittelalter, wenngleich sie an geeigneter Stelle Ausblicke in die spätere Zeit gibt. In den darauf folgenden Beiträgen stehen jeweils besondere Frauen im Vordergrund. So widmet sich Prof. Dr. Peter Rückert (Hauptstaatsarchiv Stuttgart) in seinen Ausführungen zu Antonia Visconti und Barbara Gonzaga, die beide württembergische Grafen geheiratet haben. Auch wenn sich in Rückerts Vergleich der beiden Damen zeigt, dass sie über viele Gemeinsamkeiten verfügen, so erscheinen sie bei näherer Betrachtung als zwei deutlich verschiedene Persönlichkeiten, die auch Vermittlerinnen »kultureller Innovationen und höfischen Lebensstils« in Württemberg waren. Der Musikwissenschaftler

Prof. Dr. Joachim Kremer (Musikhochschule Stuttgart) widmet sich ebenfalls einer bedeutenden Frau aus dem Hause Württemberg. In seinem Beitrag zur Herzogswitwe Magdalena Sybilla konzentriert er sich auf die von ihr verfassten Liedtexte sowie ihr Verhältnis zur Musik in einem pietistischen Kontext. Den Abschluss des Bandes bilden die Ausführungen von Dr. Benigna Schönhagen (Jüdisches Kulturmuseum Augsburg-Schwaben) über die äußerst erfolgreiche jüdische Kauffrau Madame Kaulla aus Hechingen, die es als Frau schaffte, sich in der männlich dominierten Wirtschaft durchzusetzen, als Jüdin es erreichte, zu Ansehen zu gelangen und sogar Einfluss auf die Landespolitik zu gewinnen. So sind es tatsächlich herausragende Frauen, die diesen Band dominieren.

Frauen in Württemberg eröffnet zugleich eine neue Reihe aus der Arbeit des Instituts für Geschichtliche Landeskunde und Historische Hilfswissenschaften der Universität Tübingen. In dieser Reihe sollen vornehmlich die vom Institut für ein breites Publikum gestalteten Vortragsreihen dokumentiert werden. Dabei ist nicht an eine im strengen Sinne wissenschaftliche Reihe gedacht: Zwar haben die Beiträge selbstverständlich den Anspruch, den aktuellen Stand der Forschung zu ihren jeweiligen Themen zu bieten – schließlich werden sie von führenden Vertretern ihres jeweiligen Faches verfasst – doch wollen sie nicht unbedingt neue Forschungen präsentieren, sondern wissenschaftliche Erkenntnisse in gut lesbarer und verständlicher Form aufbereiten. Deshalb verzichten die Bände in der Regel auch auf einen Anmerkungsapparat und liefern stattdessen Hinweise auf weiterführende Literatur sowie die wichtigsten Quellen. *Landeskundig* soll also die Vortragsreihen des Instituts nachlesbar machen und zugleich Anregungen für die weitere Beschäftigung mit den hier aufbereiteten Themen geben. Und nicht zuletzt soll die Reihe neugierig machen auf die Arbeit des Instituts, das seit nunmehr über 60 Jahren mit der Erforschung und Vermittlung der Landesgeschichte Südwestdeutschlands befasst ist.

Die alamannische Frau

Von Jörn Staecker mit einem Beitrag zur Fibel von Wittislingen
von Felicia Stahl

Einführung

Trotz einer enormen Materialfülle mit über 10.000 Gräbern aus der alamannischen Zeit, d. h. dem 3. bis 8. Jahrhundert, fällt es nicht leicht, allgemeine Aussagen über die alamannische Frau zu treffen. Der Grund liegt vor allem darin, dass wir Gräber nicht als Spiegel des Lebens betrachten können, wie man es noch bis in die 1970er Jahre hinein tat. Die letzten Jahrzehnte der Forschung haben das 1 : 1 Modell von einer Gleichsetzung zwischen den Jenseitsvorstellungen und dem Leben der Alamannen immer mehr in Frage gestellt. Die kritische Einstellung gegenüber den Gräbern hat sich aus einer Analyse der angelsächsischen und wikingerzeitlichen Bestattungen in Großbritannien und Skandinavien entwickelt, wo schon in den 1980er Jahren immer stärker hinterfragt wurde, wie das Leben in historischen Gesellschaften anhand einer einzigen Quellengruppe rekonstruiert werden soll.

Hinzu kommt die Beobachtung – welche unter anderem auch in der Sozialanthropologie ihre Bestätigung findet –, dass bei der Grablege eines Individuums nicht nur die nahen Verwandten, d. h. Mann/Frau, Brüder/Schwestern, Eltern/Großeltern und Kinder, beteiligt sind, sondern auch entfernte Verwandte und vor allem auch die Siedlungsgemeinschaft, hier im engeren (das Dorf) und weiteren Sinn (die Region). Das Grab spiegelt damit die Vielfalt unterschiedlichster Akteure wider, welche die Grablege arrangierten, den Termin und den Ort festlegten, darüber bestimmten, was und was nicht dem/der Toten ins Grab folgte, einen eventuellen Leichenschmaus anordneten und des Weiteren auch die Unterbringung der Gäste und deren sichere An- und Abreise garantierten. Damit stellt das Grab wesentlich mehr dar als ein einfaches Begräbnis, es ist Teil und natürlich auch die entscheidende Kulisse einer Inszenierung, in der jede einzelne Person der Gemeinschaft eine Rolle zugewiesen bekam. Das Grab mit reichen oder auch armen Beigaben, mit einem einfachen oder aufwendigem Bau und mit einer hervorstechenden oder auch bescheidenen Lage ist somit nicht als ein Spiegel des Lebens zu betrachten, sondern eher als ein Zerrspiegel. Die Inszenierung der Bestattung wird von unterschiedlichsten Faktoren gesteuert, die uns heute vielfach verborgen bleiben. So haben wir z. B. in den seltensten Fällen eine Garantie, dass der oder die Verstorbene wirklich zu Lebzeiten die Objekte getragen, geschweige denn überhaupt besessen hat, die ins Grab gelangt sind. Damit gerät auch der massiv verbreitete Grabraub wieder in den Fokus der Forschung, der jahrzehntelang als lukrative Methode von Räubern betrachtet wurde, die mit unglaublicher Präzision die Gräber plünderten und mit Ausnahme von wenigen Objekten – hier sind vor allem christliche Symbole zu nennen – nichts zurückließen. Gab es diese schon fast als organisiert zu bezeichnenden Banden, die durch die Lande zogen und aufmerksam jeden Trauerzug beobachteten, wirklich oder ist das nur eine Projektion unserer heutigen Welt auf die Vergangenheit? Das Grab von Lauchheim (Nr. 202) mit der Bestattung eines Mannes, der eine Gürtelgarnitur trug, bei der ein Bestandteil aus einer Bestattung eines beraubten Grabes vom selben Gräberfeld stammt (Nr. 209), lässt uns nachdenklich stimmen. Offensichtlich wurde Grabraub auch innerhalb einer Gemeinschaft betrieben und wenn wir in die skandinavischen Sagas schauen, dann finden wir eben jenes Faktum, dass Verwandte die Gräber ihrer Ahnen öffneten und wichtige oder symbolische Objekte herausnahmen, immer wieder bestätigt. Daher sollte man sich vor einfachen Lösungen hüten, wenngleich natürlich nicht abzustreiten ist, dass es auch schon zu alamannischer Zeit böse Buben gegeben hat.

Die Identifizierung von Ständen

Kehren wir zurück zur Frage der gesellschaftlichen Repräsentativität von Bestattungen. Rainer Christlein nahm schon in den 70er Jahren eine Aufteilung der alamannischen Gräber in sogenannte Qualitätsgruppen vor. Die Gruppe A stellt hier die ärmste, die Gruppe D die reichste Gruppe dar. Mit gewissen Differenzierungen hat sich diese Einteilung über die Jahrzehnte gehalten. Sie basiert – ohne dass Christlein hierauf explizit einging – auf der alamannischen Rechtssprechung, die uns aus dem frühen 7. Jahrhundert überliefert ist. Die Lex Alemannorum mit ihrer Strafmaßstaffelung, abhängig davon, ob man ein Freier, ein Halbfreier oder ein Unfreier war, zeigt uns an, dass die Gesellschaft in rechtlich differenzierte Gruppen aufgeteilt war. Wir dürfen annehmen, dass ähnliche Verhältnisse auch für frühere Zeiten, also vor dem 7. Jahrhundert, geherrscht haben. Damit liegt es nahe, die Qualitätsgruppen A-D mit der »Standespyramide«, d. h. Gruppe A mit Unfreien oder Personen mit wenig Besitz, Gruppe B mit Freien und Personen mit Besitz (z. B. eigene Scholle), oder auch leicht bewaffneten Kriegern, Gruppe C mit einem niederen Adel und schwer bewaffneten Krieger und Gruppe D mit einem höheren Adel und einer Führungselite gleichzusetzen.

Für die oberen Gesellschaftsschichten mag diese Identifizierung bestimmter Gruppen noch bedingt funktionieren, sie hat aber eindeutige Schwachpunkte. Der erste ist die Zuordnung gewisser Berufsgruppen auf Basis des archäologischen Befundes, d. h., dass bestimmte Objekte im Grab einen Hinweis auf die Profession des/der Verstorbenen geben. Als relativ eindeutig werden immer wieder in der Literatur die Gräber von Schwertträgern in einer Gleichsetzung mit einer Kriegerelite gesehen. Wir werden diese Behauptung weiter unten noch genauer analysieren. Des Weiteren werden Frauengräber mit Webschwertern in Verbindung zu einer Wollproduktion gesehen, die sich vor allem auf der Alb abgespielt haben soll. Diese auf den ersten Blick ansprechende These von R. Christlein müsste aber erst durch entsprechende Siedlungsfunde mit Webstühlen überprüft werden, ansonsten könnte das Webschwert im übertragenen Sinn auch eine andere Bedeutung gehabt haben. Auch die Gleichsetzung von Waagen und Gewichten im Sinne einer Gewichtsgeldwirtschaft als Symbole von Händlern erscheint äußerst problematisch, zeigt sich doch für den skandinavischen Raum, dass selbst schon Kinder mit Gewichten ausgestattet wurden. Ursächlich hierfür ist die Betrachtung der Gewichte als Teil einer Jenseitsvorstellung, die vielleicht der mittelalterlichen Vorstellung vom Wiegen der Seele nahe kommt.

Neben dieser Suche nach Dingen, die nach unserem heutigen Verständnis in den Gräbern liegen müssten, um spezifische Berufsgruppen ausfindig zu machen, kommen aber vor allem viele hinzu, die anonym verbleiben. Warum sind der Bauer und die Bäuerin, der Knecht und die Magd, der Handwerker und die Handwerkerin und auch der Sklave und die Sklavin nahezu unsichtbar im archäologischen Befund? Wo sind der Händler und die Händlerin, wenn die Waagen und Gewichte eher symbolische Bedeutungen besitzen? War das Recht auf eine standesgemäße Bestattung mit entsprechender Ausstattung aller Utensilien, die man zur Verfügung hatte, nur der Oberschicht gegönnt? Gab es ein Recht auf Repräsentativität nur für die Spitze der »Standespyramide«? Es scheint hier noch sehr viel Forschung notwendig, die sich nicht nur damit beschäftigt, was in den Gräbern vorhanden ist, sondern vor allem auch, was in den Gräbern fehlt bzw. vorhanden sein müsste. Unser Blick ist immer noch positivistisch auf das fokussiert, was wir sehen, nicht auf das dahinter Verborgene.

Das Verhältnis Archäologie-Anthropologie

Der andere Aspekt ist die fehlende Korrelation mit der Anthropologie. Die meisten Modelle basieren ausschließlich auf den Beigaben und dem Grabbau, weitere entscheidende Faktoren, d. h. welche Informationen uns das Individuum bietet, die nur noch beim Skelettmaterial abgerufen werden können, werden nicht mit integriert. Eine stichprobenartige, kritische Analyse wurde in den letzten Jahren in Examensarbeiten durchgeführt und hat sowohl bestätigende als auch kontrastierende Ergebnisse gebracht. So konnte Isabelle Jasch in ihrer Bachelorarbeit bei einer Untersuchung des Body-Mass-Index (BMI) feststellen, dass eine Korrelation zwischen dem Vorkommen von Äxten und einem hohen BMI bestand. Die Träger waren demnach sehr muskulös gebaut und vermutlich auch auf den Nahkampf spezialisiert. Dagegen konnte ein deutlich unter dem Durchschnittswert der untersuchten Population liegender BMI beim Vorkommen von Pfeilen beobachtet werden. Die Bogenschützen mussten wahrscheinlich schnell und ausdauernd sein, ein kräftiger und massiver Körperbau war hier nicht gefragt.

Zu einem überraschenden Ergebnis gelangte Sebastian Klaß in seiner Masterarbeit: Er untersuchte beim Gräberfeld von Pleidelsheim die Gräber mit Schwertbeigabe. Unter der Prämisse, dass ein langjähriges Training, vermutlich schon seit der Jugend, notwendig war, um als guter Krieger ausgebildet zu werden, betrachtete Klaß die Muskelansätze (Enthesien) an den Unter- und Oberarmen der erhaltenen Skelette. Mehrere Gräber mit Spatha (zweischneidiges Schwert) bestätigten die These eines langjährigen Trainings mit entsprechend prägnanten Muskelansätzen, aber besonders Grab 71 fiel aus dem Rahmen. Es ist die Bestattung mit dem reichsten Schwert, einer sogenannten Goldgriffspatha. Diese Schwerter treten nur vereinzelt in Europa (vor allem im Bereich der Alemannia) auf. Der mit Goldblech umwickelte Griff der Spatha wird als eine Art Rangabzeichen verstanden und daher häufig mit den Gefolgsleuten des Königs in Verbindung gebracht. Der Mann aus Pleidelsheim wies keine prägnanten Muskelansätze auf, er hatte somit kein langjähriges Training hinter sich und er war vermutlich nicht in der Lage, im Ernstfall seine Truppe im Gefecht anzuführen. Die Goldgriffspatha symbolisiert somit nicht den erfahrenen Krieger, der einer Elite angehörte, sondern sie steht stattdessen für einen Funktionsträger, der einen hohen Rang in der Gesellschaft einnahm, aber im Kampf nicht in vorderster Reihe stand. Mit dem exklusiven Schwert vermittelt er somit für die Archäologen ein völlig anderes Bild als für die Anthropologen. Hier zeigt sich die enorme Bedeutung einer Interdisziplinarität, die leider immer noch zu wenig berücksichtigt wird.

Wenn sich auch die oben angeführten Beispiele auf die speziellen Merkmale bei Männern bezogen, so können wir doch mit hoher Wahrscheinlichkeit davon ausgehen, dass ein vergleichbarer Befund auch bei den Frauen auftritt. Die Erforschung vom Verhältnis von Beigaben, Grabbau und Körper der jeweiligen Individuen steckt erst in den Anfängen. Wie erging es z. B. der Dame von Wittislingen? Hatte sie aufgrund ihres hohen sozialen Status, der sich in der materiellen Kultur ihrer Grabbeigaben ausdrückt, auch Zugang zu einer anderen Ernährung als die anderen Mitglieder der Gemeinschaft? Gab es Verwandte, die eine vergleichbare Position an anderen Orten einnahmen, existierte eine Form von Dynastie? Wie alt wurde sie, stehen die Beigaben in Relation zu dem, was sie geleistet hatte oder was ihr zugedacht war? Leider ist ihr Skelett nicht mehr erhalten, aber es liegt genügend Material von anderen Frauengräbern vor, um Aussagen über Alter und Geschlecht, aber auch über den Gesundheitszustand, Verletzungen oder Verheilungen, die Ernährung (mittels Isotopen-Analysen) und den Verwandtschaftsgrad (mittels der Ancient DNA) zu erhalten. Erst die Kombination dieser Faktoren ermöglicht ein umfassendes Bild der Alamanninnen und Alamannen.

So hat Annika Hasler in ihrer Bachelor-Arbeit auf Basis der archäologischen und anthropologischen Quellen aufzeigen können, dass eine sehr interessante Relation zwischen der quantitativen und qualitativen Beigabenmenge und dem Alter der Verstorbenen besteht. Man könnte glauben, dass mit dem zunehmendem Alter auch der Reichtum oder der Bekanntheitsgrad stieg und dass daher Individuen der höheren Altersgruppen (d. h. ab dem Alter von 30 Jahren, also nach anthropologischer Bestimmung spätadult, matur oder senil) auch entsprechend mit mehr Beigaben ausgestattet wurden. Das ist aber nicht der Fall, stattdessen ist es vor allem die Gruppe der Jugendlichen und jungen Erwachsenen (juvenil und frühadult, Alter von 14 bis 30 Jahren), d. h. der erst vor einer Karriere stehenden oder sich etablierenden Individuen, die mit dem höchsten Anteil an Beigaben ausgestattet wurden. Spiegeln die im Grab liegenden Objekte daher eher wider, welche Rolle man einer Person zugedacht hatte, d. h. sollte mit der Ausstattung für das Jenseits diese Aufgabe erfüllt werden können? Oder ist es gerade die Gruppe der Jugendlichen und jungen Erwachsenen, die sowohl von der Familie als auch der Gemeinschaft am meisten betrauert wurde? Hier sind weitere Forschungen notwendig, um die Resultate beider Disziplinen zu vergleichen und gegenüberzustellen.

Fränkische Zentralgewalt

Neben die Frage der sozialen Einteilung und deren Befund im archäologischen und anthropologischen Material gesellt sich die historische Fragestellung der Geschehnisse nach 496, der Schlacht bei Zülpich. Im Zuge der alamannischen Niederlage wird in der Forschung vielfach eine sukzessive Übernahme der Kontrollfunktion durch fränkische Machtrepräsentanten vorausgesetzt. Objekte, die für die Phase des 3.–5. Jahrhunderts als Zeichen von Handel, Technologie- und Ideologietransfer oder auch der Mobilität Einzelner bzw. von Gruppen gedeutet wurden, erhalten jetzt eine historische Wertung. Sämtliche Waffen-, Schmuck- und Alltagsgegenstände, die aus dem fränkischen

Raum stammen, werden nahezu per Automatik einer fränkischen Führungsschicht zugeordnet. Die zuvor erwogenen Optionen, dass es sich durchaus nur einfach um begehrte Güter, der Mobilität von Handwerkern oder auch dem Streben nach einer Bewaffnungs- bzw. Trachtimitation handeln könnte, entfallen nahezu vollständig. Aus einer historisch-archäologischen Sicht ist diese Methode äußerst problematisch, sie stellt eine radikal geänderte Ansprache der Objekte dar, obwohl vielfach die harten Fakten in Form von DNA oder Isotopenanalysen, die das wirklich »Fremde« belegen können, fehlen. Wir werden diese Diskussion weiter unten in Bezug auf die Wittislinger Fibel führen, die einen deutlichen Beleg für eine in der Forschung vorgenommene Zuweisung in den fränkischen Raum darstellt, ohne dass andere Optionen erwogen wurden. Generell sei überhaupt vor einer voreiligen Zuweisung, d. h. ob fränkisch – bajuwarisch – langobardisch – thüringisch – alamannisch gewarnt; die materielle Kultur dieser germanischen Stämme weist viele Gemeinsamkeiten auf, die eine ethnische Zuordnung enorm erschweren.

Religionswechsel

Die alamannische Frau befand sich mitten in der Übergangsphase von zwei Religionen. Die alte, vorchristliche Vorstellungswelt bleibt uns leider in vielen Teilen verschlossen, wir können hier von einem Pantheon verschiedener Götter ausgehen, denen im Rahmen unterschiedlicher Anlässe geopfert wurde. Regelrechte Kultplätze mit Opfern von Objekten, Tieren oder sogar Menschen sind uns aber bislang noch nicht bekannt. Das kann an der Forschungslage liegen – diese Plätze lagen vermutlich in der Natur und standen in einem Zusammenhang mit heiligen Hainen, Bäumen oder ähnlichem – und vielleicht auch an der Tatsache, dass die Alamannen offenbar nicht in größerem Umfang blutige Opferungen vornahmen. Wir können somit nur wenig über die religiösen Vorstellungen der alamannischen Frau vor der Einführung des Christentums sagen und zu deren Motivation, einem Glaubenswechsel zuzustimmen. In der heidnischen Glaubenswelt waren es vor allem die Krieger, die einem Leben nach dem Tode in Walhall entgegensehen konnten, für die Frauen gab es keine äquivalente Perspektive. Hier mag einer der Gründe zur

Bereitschaft zum Wechsel vorliegen, aber es mag noch viele andere gegeben haben, die uns heute verschlossen sind.

Eine wichtige Rolle im Zusammenhang mit der Christianisierung der Alamannen nehmen die sogenannten Goldblattkreuze, d. h. aus Goldblech hergestellte Kreuze mit oder ohne Verzierung, ein. Diese Kreuze finden wir auf den Gräberfeldern im langobardischen und alamannischen Raum zwischen dem späten 6. und frühen 8. Jahrhundert. Das Auftreten auf den heidnischen Gräberfeldern und das gleichzeitige Fehlen in den Kirchen hat Anlass zu der These gegeben, dass die Alamannen auf den Gräberfeldern bestatteten und die fränkische Herrschaft in den Kirchen ihre letzte Ruhe fand. Diese ansprechende These einer Aufteilung zwischen den neuen Herren und der eingesessenen Bevölkerung – d. h. hier die Bestattung im Kirchenraum, dort die Bestattung auf dem Reihengräberfeld – muss aber hinterfragt werden, weist sie doch eindeutig methodische Schwächen auf. So bleibt unklar, warum auf langobardischem Gebiet ein vergleichbares Phänomen – also das fast vollständige Fehlen von Goldblattkreuzen in Kirchen und das Auftreten innerhalb der Gräberfelder – nicht in die Betrachtungen mit integriert worden ist. Eine fränkische Herrschaft in Oberitalien ist erst mit dem Langobardenzug Karls des Großen nachweisbar, zu diesem Zeitpunkt gab es aber keine Goldblattkreuze mehr.

Wie soll man dann das Phänomen begreifen? Offensichtlich hat man zu sehr eine Spiegelung der historischen Ereignisse im archäologischen Befund und nicht den Vergleich mit dem Raum südlich der Alpen gesucht. Das ethnische Erklärungsmodell ist daher anzuzweifeln, wenn es auch vereinzelt Gültigkeit besitzen mag. Vielmehr muss die Goldblattkreuz-Beigabe als Teil des Christianisierungsprozesses betrachtet werden, bei dem unterschiedliche Stufen, d. h. a) früher Kontakt mit den Missionaren, b) erste christliche Bestattungen auf den heidnischen Gräberfelder, c) deutliche Abgrenzung der Christen in bestimmten Grabarealen, d) Bau der ersten Kirchen, e) sukzessives Auflassen der Gräberfelder, f) Etablierung einer Kirchenstruktur, beobachtet werden können. Die Goldblattkreuze wären somit der Ausdruck einer frühen christlichen Gemeinde, die auf diese Weise die Gräber oder auch Grabbezirke heiligte.

Die Rolle der alamannischen Frau

Welche Rolle nahm die Frau in der alamannischen Gesellschaft ein? Wenn wir die archäologischen Befunde der unzähligen Gräberfelder analysieren, dann lässt sich feststellen, dass es offenbar klar zugeschriebene Rollen zwischen den Geschlechtern gab. Im Leben nach dem Tode gab es nur eine deutliche Zuweisung zu Männern oder Frauen, es existieren keine Gräber von Frauen mit Waffen oder von Männern mit Schmuck. In den letzten Jahren hat man immer wieder versucht, diese Rollenmuster aufzubrechen (siehe zuletzt die Ausstellung »Ich Mann. Du Frau« in Freiburg), aber jedes Mal scheiterte man kläglich an den harten Fakten. So wurde viel von der Bestattung von drei Männern in einem Grab in Niederstotzingen geredet, wovon ein Mann laut DNA-Analyse zur Frau mutierte. Endlich war sie da, die bewaffnete Walküre, wie wir sie aus den Sagen kennen und wie sie gerne in verschiedenen Filmen dargestellt wird. Aber ebenso schnell ist sie nach neuesten Untersuchungen wieder verschwunden, die naturwissenschaftliche Methode zeigte kurzfristig ihre Schwächen bei den Probeentnahmen. Somit deutet viel darauf hin, dass das Leben der Frau – auf jeden Fall nach dem Tode – von einer starken Normierung geprägt war. Mit unserer heutigen Gesellschaft, bei der die Grenzen zwischen den Geschlechtern nicht immer klar auszumachen sind, hat das wenig zu tun. Sowohl Männer als auch Frauen wurden in ihre Rolle hineingeboren, ein Ausbrechen war wohl kaum möglich.

Frauen von höherem Rang wurden auf jeden Fall gleichwertig wie Männer behandelt, wenn es um die Bestattung in Kirchen ging. Bei einer durch R. Christlein durchgeführten Untersuchung konnte festgestellt werden, dass eine gleichmäßige Zahl von Stiftern und Stifterinnen in den frühen Kirchen beigesetzt worden war. Die finanziellen Mittel zur exklusiven Bestattung im Kirchenraum standen somit beiden Geschlechtern zur Verfügung; sie drücken damit das Bestreben aus, sich sowohl zu Lebzeiten als auch nach dem Tode deutlich von den niederen Ständen abzuheben. Eine vergleichbare Situation ist auch auf den Gräberfeldern anzunehmen, wenngleich es hier aufgrund der Beraubungen nicht immer einfach festzustellen ist, welchen sozialen Status die betreffende Person einnahm. Zu den wenigen »Top Ten« Gräbern der alamannischen Zeit gehört auch das

Frauengrab von Wittislingen, welches im Folgenden näher vorgestellt werden soll.

Das Frauengrab von Wittislingen

Bei Steinbrucharbeiten nahe Wittislingen, einer Gemeinde am Südrand der Schwäbischen Alb, entdeckte man im Jahr 1881 eine frühmittelalterliche Bestattung aus dem 7. Jahrhundert. Das Dorf Wittislingen liegt verkehrsgeographisch an einer von den Römern geschaffenen Nord-Süd-Verbindung, die später auch den Namen »Frankengäßle« erhielt und damit auf die Bedeutung im Frühmittelalter hinweist. Der Ortsname könnte auf den alamannischen Personennamen Witigisilo zurückgehen, d. h. vermutlich wurde die Siedlung am Anfang des 6. Jahrhundert gegründet, was auch durch die ältesten Gräber vor Ort untermauert wird. Die St. Ulrich und Martin Kirche in Wittislingen stellt einen Beleg für das häufiger auftretende St. Martins Patrozinium dar, welches immer noch in der Forschung mit der fränkischen Zentralgewalt verknüpft wird. Wann die Kirche errichtet wurde, ist unklar, eine erste Erwähnung erfolgt im 10. Jahrhundert in der Vita S. Oudalrici. Daher ist nicht belegbar, ab welchem Zeitpunkt sich eine fränkische Oberhoheit etablierte.

Das Grab beinhaltete eine große, außergewöhnlich prachtvolle Bügelfibel, eine goldene Scheibenfibel, einen silbernen Gürtelbesatz, ein Goldblattkreuz, einen goldenen Fingerring mit gefasster Goldmünze, eine goldene Nadel, silberne Schuhgarnituren, eine silberne Amulettkapsel, silberne Taschenbeschläge einer rechteckigen Handtasche, eine bronzene Zierscheibe einer runden Handtasche, eine koptische Bronzepfanne, Haarnadeln, eine aus Golddraht geflochtene Kette mit einer naturalistisch geformten Hand als Verschlussabdeckung und Glasperlen. Die reiche Grabausstattung erlaubt eine Zuordnung des Grabes zur absoluten gesellschaftlichen Oberschicht der Alamannen und demnach in die von R. Christlein als D definierte Qualitätsgruppe. Eine vollständige Vorlage des Grabes erfolgte erst 1950 durch Joachim Werner, seitdem hat sich die Forschung mit dem Grabfund nicht mehr umfassend beschäftigt.

Neben der weiter unten zu besprechenden Bügelfibel ist die Scheibenfibel mit Almandineinlagen auffällig (Abb. 1). Es handelt sich um ein singuläres Stück mit einer bemerkenswerten

Abb. 1: Goldene Scheibenfibel von Wittislingen.

Verzierung. Acht Schlangen, die jeweils in Zweiergruppen an den Schwänzen ineinander übergehen, stehen sich mit den Köpfen gegenüber und bilden so ein Kreuz aus einer zentralen Raute und vier rautenförmigen, aber durch die Schlangenkörper abgerundeten Balken. Die christliche Botschaft ist somit eindeutig, wird aber durch die antithetisch angeordneten Schlangen leicht aufgelöst. Schlangenartige Wesen sind auch auf dem Gürtelbesatz dargestellt, der im zentralen Bereich durch fünf ineinander verwobene Schlangen, deren Köpfe mit Almandinplättchen ausgelegt sind, gestaltet wird (Abb. 2). Da-

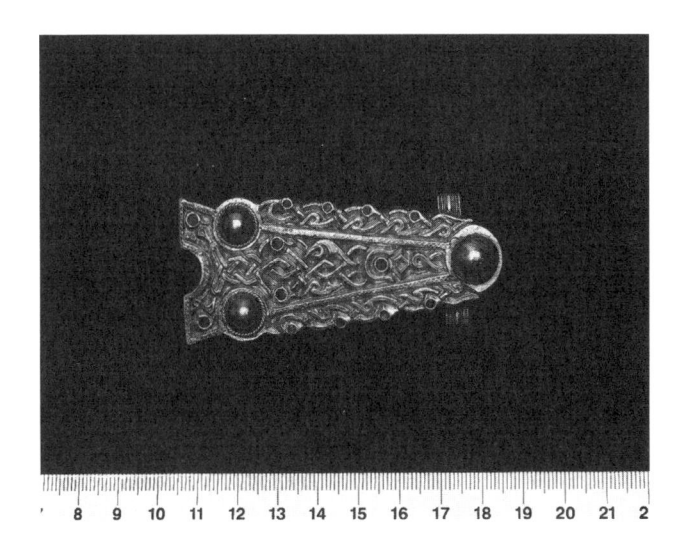

Abb. 2: Silberner Gürtelbesatz von Wittislingen.

neben können ein anders gestalteter Kopf und jeweils vier Köpfe im Randbereich beobachtet werden.
Das Goldblattkreuz ist ebenfalls im Tierstil verziert, d. h. auf den Kreuzarmen können zwei ineinander verwobene, schlangenähnliche Körper beobachtet werden, die zu den Balkenenden hin in Greifenköpfe enden (Abb. 3). Das Symbol des Adlers als Allegorie für Christus mag hier im Hintergrund stehen, eine Illustration von Christus am Kreuz ist noch unüblich in dieser frühen Phase des Christentums bei den Alamannen und wird durch entsprechende Symbole wie Fisch, Taube oder Adler ersetzt. Zur Kreuzmitte hin sind auch Köpfe zu erkennen, vermutlich handelt es sich um Schlangen. Symbolisiert hier der Adler das Gute, was an den Enden sichtbar ist, während das Böse in der Mitte lauert? Vermutlich nicht, denn die Schlange kann in einem übertragenen Sinn auch als die aus der germanischen Mythologie bekannte, im Urozean lebende Midgårdschlange betrachtet werden, d. h. sie hält die Welt zusammen und ist essentieller Bestandteil ihrer Ordnung. Vergleichen wir das Motiv mit den späteren wikingerzeitlichen Darstellungen, so ist die Schlange wie ein Familienband, dem alle Mitglieder angehören. Die Verzierung der Goldscheibenfibel und des Goldblattkreuzes könnte gut in diese Richtung zielen. Die Objekte stellen einen individuellen Ausdruck der Germanen, ihre Vorstellung einer Weltenordnung mit dem neuen Glauben zu kombinieren, dar (das Thema der Goldblattkreuze ist gerade von der Tübinger Mittelalterarchäologin

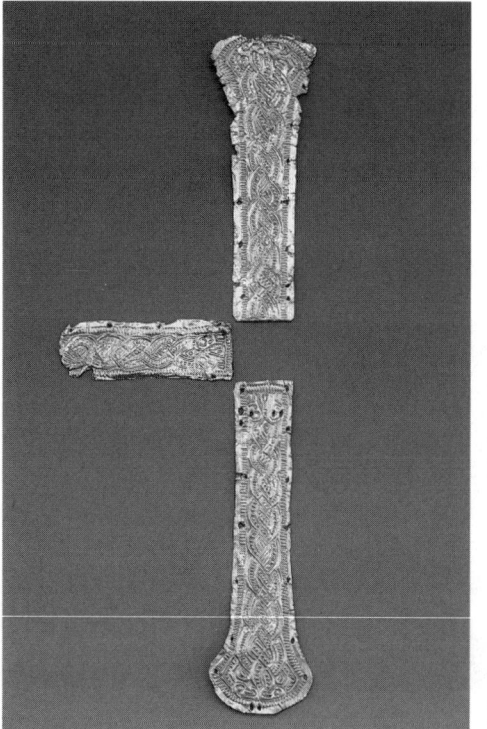

Abb. 3: Goldblattkreuz von Wittislingen.

Die alamannische Frau | 25

a

b

Abb. 4 a–c: Goldfingerring von Wittislingen. Vorder- und Rückseite.

Martina Terp-Schunter in Form einer Dissertation vorgelegt worden). Eine besondere Bedeutung nimmt der goldene Fingerring mit gefasster Goldmünze ein. Die Münze stellt eine Nachprägung eines byzantinischen Vorbildes dar, sie zeigt aber einen eigenwilligen germanischen Kunststil auf und ist nicht als eine Verballhornung zu betrachten (Abb. 4). Die Oberseite gibt einen stilisierten Kopf en face wieder, der von Werner als Männerkopf mit zurückgekämmtem Haar und kreisrunden Ohren angesprochen wird. Bei der Darstellung könnte es sich aber auch durchaus um eine Frau handeln, die »Ohren« wären dann als aufgedrehte Locken anzusprechen. Diese Fingerringe mit siegelartigem Charakter treten nur selten in Bestattungen der Franken, Alamannen und Langobarden auf und dürfen als Erkennungszeichen der Oberschicht betrachtet werden. Die Dame von Wittislingen könnte durchaus das Motiv mit Absicht gewählt haben, um ihre Individualität herauszustellen.

Die silberne Amulettkapsel im Grab stellt ein weiteres Indiz für den hohen Stand der bestatteten Dame dar. Die aufklappbare Kapsel ist auf der Vorder- und Rückseite mit einem nahezu identischen Tierstilmuster verziert (Abb. 5). Es sind jeweils drei paarweise ineinander verschlungene Tiere mit voneinander abgewandten Köpfen dargestellt, nur auf der Rückseite ist eins der drei Felder durch ein Motiv, bei dem sich die Tiere in die Köpfe beißen, ausgetauscht. Die fünffache Wiederholung des Musters wurde durch Treibarbeit erzielt. Im Vergleich zu weiteren Kap-

a

b

Abb. 5 a–b: Silberne Amulettkapsel von Wittislingen. Vorder- und Seitenansichten.

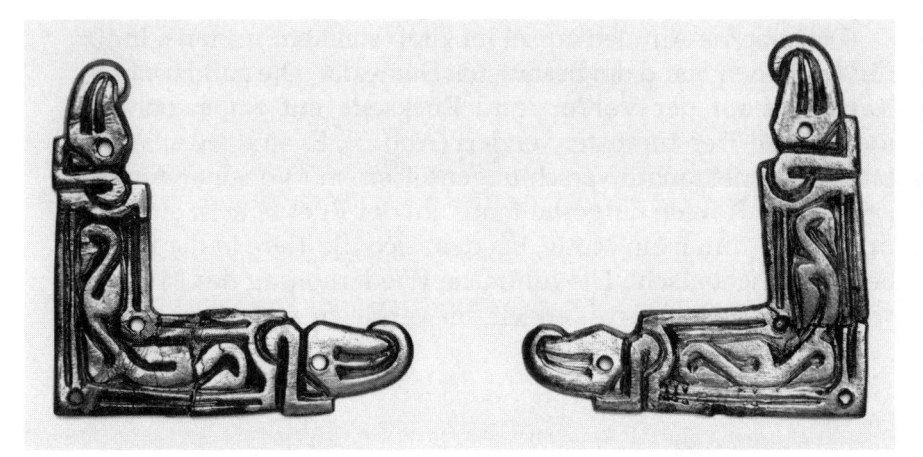

Abb. 6: Silberne Beschläge der rechteckigen Handtasche von Wittislingen.

seln, die vor allem aus Gräbern des Rhein-Main-Gebietes vorliegen, fällt auf, dass die Kapsel nicht mit einem Kreuzmotiv verziert wurde. Hier scheinen weitere Forschungen notwendig.
Die zwei Handtaschen – rechteckig und rund – scheinen schon in der alamannischen Damenwelt zum absoluten Chic gehört zu haben. Von der rechteckigen Handtasche konnten drei der vier einrahmenden silbernen Eckbeschläge beobachtet werden, davon sind heute noch zwei erhalten. Wie die anderen Objekte sind sie im Tierstil verziert, in diesem Fall mit je zwei an den Enden der Beschläge platzierten Vogel- bzw. Greifenköpfen (Abb. 6). Die Körper gehen ineinander über und rahmen damit ein rechteckiges Feld einer vermutlichen Ledertasche ein, die vielleicht noch weitere, eingeritzte oder aufgemalte Dekorationen besaß. Die Verbreitung der rechteckigen Handtaschen weist, ähnlich wie die Amulettkapsel, einen Schwerpunkt im fränkischen Raum auf, es könnte sich hier um Zufall handeln oder um ein Zeichen engerer Beziehungen. Auch die runde Handtasche mit dem durchbrochen gearbeiteten Ornament weist eine Verzierung im Tierstil auf. In vierfacher Wiederholung sind hier antithetisch angeordnete Tierkopfpaare angebracht, die sich mit offenen Rachen gegenüberstehen (Abb. 7). In nahezu verborgener Form erkennt man auch hier die Kreuzsymbolik in Form der vertikal und horizontal angebrachten Stege im Inneren des Kreises.

Abb. 7: Bronzene Zierscheibe der runden Handtasche von Wittislingen.

Das vorletzte große Fundstück stellt eine Bronzepfanne dar, die vermutlich im koptischen Ägypten im 6. oder 7. Jahrhundert hergestellt worden war (Abb. 8a–b). Koptische Gefäße, d. h. Pfannen und Becken, finden wir im langobardischen, alamannischen, bajuwarischen, fränkischen und angelsächsischen Raum. Sie befinden sich alle in reichen Gräbern des 7. Jahrhunderts und stellen ein Zeugnis für den intensiven Handel dar, der über das langobardische Gebiet, vermutlich sogar über das von Byzanz kontrollierte Ravenna, lief. Das Auftreten in Gräbern germanischer Oberschichten des Kontinents und der Britischen Inseln scheint zu bestätigen, dass diese Objekte zum Inventar der wohl-

Abb. 8 a: Koptische Bronzepfanne von Wittislingen, Aufnahme von oben.

Abb. 8 b: Koptische Bronzepfanne von Wittislingen, Seitenansicht.

habenden Familien gehörten, die sich den Kauf leisten konnten. Vielleicht deutet sich hier neben einer guten Handelsverbindung mit dem langobardischen Raum auch ein Netzwerk von Oberschichten an, bei denen es zum guten Stil gehörte, mediterranes Essgeschirr im Haus zu haben. Auffällig ist aber das Auftreten von bestimmten Gefäßformen, es gelangt kein kompletter Geschirrsatz ins Grab.

Die Fibel von Wittislingen

Die prachtvolle Bügelfibel stellt in ihrer Gesamtausfertigung ein absolutes Unikat dar (Abb. 9a–b). Sie ist ca. 16 cm lang und aus massivem Silber gegossen. Die Vorderseite trägt eine üppige Verzierung mit Goldfiligran und Einlagen aus Almandinplättchen und dunkelgrünem, undurchsichtigem Glas. Eine so große Menge an Einlagen ist für Bügelfibeln äußerst ungewöhnlich, findet sich aber häufig auf langobardischen Scheibenfibeln. Auf der Fibelrückseite ist eine mehrzeilige, durch Niellotechnik hervorgehobene Inschrift eingeritzt. Durchgeschlagene Nieten belegen, dass die Lettern vor der Vorderseitenverzierung und somit vor Fertigstellung des Objekts angebracht worden sind. Die Inschrift besteht aus lateinischen Buchstaben. Dies ist sehr ungewöhnlich, da sämtliche anderen bekannten schriftzeichentra-

Abb. 9 a: Fibel von Wittislingen mit Fünf-Zentimeter-Maß, Vorderseite.

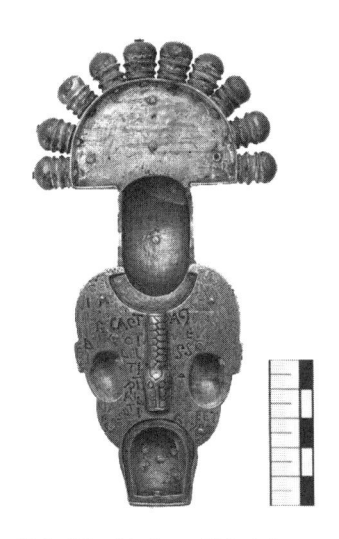

Abb. 9 b: Fibel von Wittislingen mit Fünf-Zentimeter-Maß, Rückseite.

genden Fibeln Runen aufweisen. Bei der Gestaltung des Textbildes fällt eine Zweiteilung auf. Die anfangs zeilenweise lineare Letternanordnung beginnt ab der 7. Zeile »auseinanderzufließen« und lässt von da an keine eindeutige Leserichtung mehr erkennen.

Seit ihrer Entdeckung wurde die Inschrift mehrfach transkribiert und interpretiert. Hierbei wechselte die Deutung zwischen Grabinschrift und Abschiedsgeschenk bzw. Andenken, wobei ein christlich geprägter Inhalt nie in Frage gestellt wurde. Als Transkription und Übersetzung schlägt 1950 Egger in Werners Publikation »Das Fürstengrab von Wittislingen« eine Interpretation aller Buchstaben vor:

Uffila vivat in d(e)o (fe)lix! In(n)ocens funere capta fui, quia vi(ve)re dum potui fui fidelissim tua [t](D)isa in deo.

Arwig f(ilius) et Ferig f(ilius) et Viadis p(ro)b(is)semam m(atrem) et c(oniugem) dep(osuerunt).

»Uffila lebe glücklich im Herrn! Schuldlos vom Tode dahingerafft, während meines ganzen Lebens war ich die Glaubens getreueste, deine Dame im Herrn.

Der Sohn Arwig und der Sohn Ferig und Viadis bestatteten ihre äußerst tugendhafte Mutter und Ehefrau.«

Bischoff deutet im gleichen Werk die Inschrift ähnlich, wobei er aber die Letternfolge TVATISA als »deine Tisa« und den nicht linearen Textbereich als Abkürzungen verschiedener Weiheformeln interpretiert.

Als möglichen Hintergrund der Textanfertigung schlägt Werner vor, dass es sich um die Grabsteinabschrift einer Person namens Uffila handle, welche vermutlich eine emotional wichtige Rolle für die Trägerin spielte. Die Abschrift sei als Andenken angefertigt und von der Frau von Wittislingen zu Lebzeiten getragen worden. Nach ihrem Tod habe man die Fibel als Beigabe bzw. als Bestandteil der Tracht mit ins Grab gegeben. Für Werners These sprechen Tragespuren auf der Fibelrückseite und Ähnlichkeiten bei der Inschriftenformulierung mit frühchristlichen Grabschriften.

Der Herstellungsort der Fibel ist bislang umstritten. Während Werner wegen der Inschrift eine rheinische Herstellung zwischen Worms und Köln annimmt, geht Böhner aufgrund der Vorderseitengestaltung von einem Werk des »Wittislinger Meisters«, d. h. einer lokalen Produktion, aus.

Obwohl Grundform und Größe typisch für den langobardischen Raum sind, gibt es bisher kein eindeutig vergleichbares Objekt, das Form, Verzierung und Inschrift vereint. Dennoch ist auch eine langobardische Herkunft der Trägerin und somit der Fibel möglich. Begründen lässt sich dies nicht nur durch die Fibel im langobardischen Stil, sondern auch durch den im alamannisch-bajuwarischem Grenzgebiet liegenden Fundort. Historische Quellen belegen spätestens ab dem 6. Jahrhundert n. Chr. mit der Heirat von Garibald I. und der langobardischen Königstochter Walderada einen engen Kontakt zwischen Langobarden und Bajuvaren. Auffällig ist zudem, dass aus dem rund 20km entfernten Niederstotzingen ein langobardischer Spangenhelm belegt ist. Darüber hinaus gibt es eine Vielzahl von langobardischen Objekten (Schmuck und Waffen) in alamannischen Gräbern, die einen engen Kontakt mit den südlich der Alpen ansässigen Nachbarn belegen. Da die Bügelfibel unzweifelhaft auf norditalische Stilelemente hinweist, liegt eine paläographische Untersuchung der Schrift nahe. Diese zeigt neben Ähnlichkeiten mit Lettern aus anderen alamannischen Gebieten Süddeutsch-

Abb. 10: Paläographische Übersichtstafel.

	Wittislingen	Trento	Vicenza	Bresca	La Spezia	Piacenza	Biessenhofen-Ebenhofen	Weilstetten (Balingen)	Maastricht
A	AAA AAA AAA			A		AA	A		AAA
C	CCC				CC	C			CCC
D	DAA	D					D	D D	
E	EEE« EEE«		S	E	E	E		E	EEE
F	EE kEE				E				
G	&G	S	S						
I	IIITI IIIIII IIIII			I	II	I		I II	IIII
L	LL			L		L			L L
M	M.M		M	MM	M	M		M	M
N	NN NN			NN	N	N		N N N	NN NH
O	OO OO				OD	O		OO	OO OO
P	PPPP								P P
Q	q					O			
R	R R?								
S	SSS SS S	S		SS	S		S	SS	S S SS
T	TTT TTT TT	TT		TT	T	T		T	T T
V	VVVV WV VV V			V	VV	V		VV	V
W	w								
X	x		X						XX

lands auch deutliche Parallelen mit niederländischen Buchstaben und Lettern aus dem langobardischen Bereich Norditaliens. (Abb. 10)

Betrachtet man die Gesamtgestaltung der Fibel von Wittislingen fällt ein deutlicher Kontrast zwischen der goldglänzenden und mehrfarbigen Vorderseite und der sehr schlicht gehaltenen Rückseite auf. Diese Kontrastierung wurde sicherlich als gestalterisches Element gewählt.

Auf der Rückseite der Fußplatte befindet sich mittig der Inschrift ein Nadelhalter in Form einer Schlange, die in ihrer Mus-

Abb. 11a: Das Schlangenmotiv auf der Fibelvorderseite.

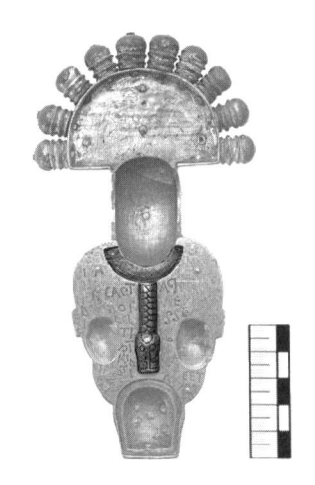

Abb. 11b: Das Schlangenmotiv auf der Fibelrückseite.

terung die charakteristische Zeichnung einer Kreuzotter erkennen lässt. Das Schlangenmotiv wiederholt sich in gleicher Proportion auf der abstrakt gehaltenen Vorderseitenverzierung der Fußplatte zwischen zwei großen Vogelköpfen, deren Schnäbel greifvogelartig gekrümmt sind (Abb. 11a–b). Als mögliche Adlerdarstellungen können diese sowohl in christlichen, als auch vorchristlich germanischen Kontext gestellt werden. Die Vögel teilen sich im Bügel und Kopfstück der Fibelvorderseite einen Körper.

Während die Gesamtgestaltung mit Schlangen- und Vogeldarstellungen nicht eindeutig christlich ist, kann man die lateinische Inschrift mit ziemlicher Sicherheit dem Christentum zuordnen. Auffällig ist, dass sie in ihrer Formulierung christlichen Inschriften auf Kindergrabsteinen aus Maastricht ähnelt. Beim Grabstein eines dreijährigen Mädchens namens Aluuefa findet sich sogar eine teilweise wörtliche Übereinstimmung. Beide Inschriften weisen die Formulierungen *innocens funere capta* und *dum potui* auf.

Die Aluuefa-Grabschrift aus Maastricht verdeutlicht das liebevolle Verhältnis von Eltern zu ihrem verstorbenen, kleinen Kind:

Tetulum tutisque votis (h)ic iacit Aluuefa innocens funere capta qui vixsit annus III vivere dum potui fuit dolcissima tutus (i)n pace fedelis recesit

»Die Grabstätte wurde errichtet nach Erfüllung aller Gelübde und Gebete. Hier liegt Aluuefa, unschuldig, durch den Tod geraubt. Sie lebte drei Jahre, solange es ihr vergönnt war. Allen war sie süß. Als Getaufte entschlief sie in Frieden.«

Vor diesem Hintergrund ist die Fibel von Wittislingen auch als Andenken einer Mutter denkbar, welche mit der Inschrift den Verlust ihres Kindes Uffila beklagt. Das Alter Uffilas ist nicht eindeutig bestimmbar, da man das lateinische Wort für Jahr bzw. Jahre nicht herauslesen kann. Die Formulierung *innocens funere capta quia vire* lässt sich mit den Worten »unschuldig, weil durch Gewalt, vom Tode erfasst« übersetzen und könnte ein Hinweis auf eine nicht natürliche Todesursache geben.

Je nach Wortwahl ist ein Wechsel der »sprechenden« Personen möglich, bei welchem die Sätze entweder aus Sicht der Mutter oder aus Sicht des verstorbenen Kindes gelesen werden.

Abb. 12: Ausschnitt der Fußplatte mit hervorgehobener Inschrift.

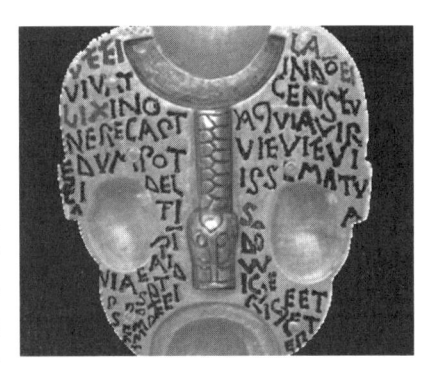

Betrachtet man das Textbild fällt in der ersten Zeile nach der Zeichenfolge V F F I L A _ eine Lücke auf, die durch den Unterstrich nach dem letzten Buchstaben gebildet wird. Dies ist insofern bemerkenswert, dass der restliche Text bis zu Zeile 7 eng gedrängt ist. In dieser Zeile befindet sich ein S und ein halbrundes Symbol, über welchem sich ebenfalls eine deutliche Lücke befindet. Die beiden Zeichen wurden bisher auf die darunter liegenden Buchstaben bezogen und als Auslassungszeichen angesehen. In Anbetracht dessen, dass sich beide Sonderzeichen jeweils auf Höhe der Zeilen 1 und 7 befinden, ist auch eine Deutung als Abgrenzungszeichen oder Satzzeichen möglich.

Seit ersten Analysen durch Hefner-Alteneck im Jahr 1882 wird übereinstimmend eine Zeichenfolge (Zeile 2 bis 3) als falsche Schreibweise von FELIX (lat. glücklich) angenommen. Hierbei wurde ein speziell geformtes Symbol nach E I als L gedeutet. Da sämtliche anderen L-förmigen Lettern ohne den zweiten nach oben ragenden Balken dargestellt sind, ist auch eine andere Deutung des Zeichens wahrscheinlich. So könnte auch eine herstellungsbedingte Verschmelzung aus den Buchstaben I und V in Frage kommen, wobei das V in ähnlicher Größe wie bei VFFILA erscheint. Aus E I L I X würde also E I I V I X (Abb. 12).

Die Umdeutung einzelner Symbole und Neusetzung von Wortgrenzen innerhalb der *Scriptura continua* erzeugt eine Vielzahl möglicher Interpretationen (Abb. 13a–c):

1. VFFILA VIVAT INDO – EI – I VIX IN(n)OCENS FUNERE CAPTA QVIA VIRE. DVM POTVI FVIFVI FIDELISS[E] (i)MA TVA TIS.

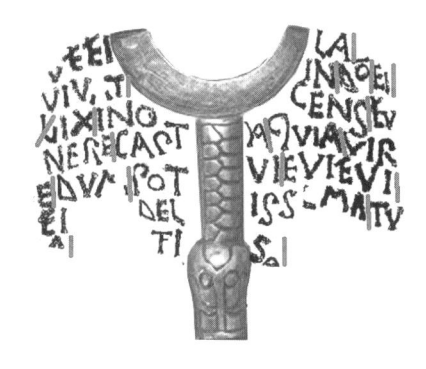

a

»Die Kleine Uffa möge leben! Ich lege sie hinein. – Ach weh! – Kaum 1, ist sie unschuldig, weil durch Gewalt, vom Tode erfasst. Solange ich gekonnt habe, bin ich gewiss deine Treueste von den Deinen gewesen!«

2. VFFILA VIVAT IN D(e)O – EI – I (anno) VIXIN(n)OCENS FUNERE CAPTA QVIA VIRE. DVM POTVI FVIFVI FIDELISS[E](i)MA TVA TIS.

»Uffila lebe in Gott! – Ach weh – 1 (Jahr) habe ich gelebt. Unschuldig, weil durch Gewalt, vom Tode gefangen. Solange ich gekonnt habe, bin ich sicherlich deine Treueste von den Deinen gewesen!«

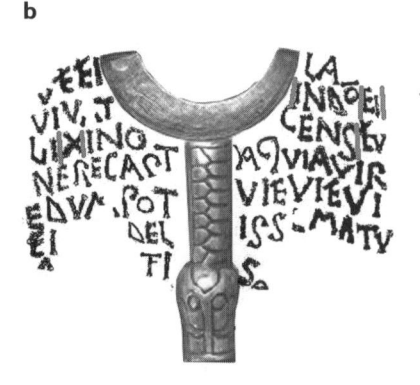

b

3. VFFILA VIVAT INDO – EI – IVI (cum) X (annos) IN(n)OCENS FUNERE CAPTA QVIA VIRE. DVM POTVI FVIFVI FIDELISS[E](i)MA TVA TIS.

»Uffila lebe! Ach weh, ich gebe sie bei. Ich bin (mit) 10 (Jahre) gegangen. Unschuldig, weil durch Gewalt, vom Tode gefangen. Solange ich gekonnt habe, bin ich sicherlich deine Gläubigste von den Deinen gewesen!«

c

Abb. 13 a–c: Ausschnitte der Inschrift mit Markierung der betreffenden Worte.

Wie bereits beschrieben, folgt nach dem Wort TIS in Zeile 7 ein bogenförmiges, kleineres Zeichen, welches ein abschließendes Satzzeichen darstellen könnte, um den zweiten Teil der Inschrift einzuleiten. Auffälliger Weise beginnt gerade in dieser Zeile auch der Schlangenkopf des Nadelhalters und die Buchstaben verlieren danach ihre lineare Ausrichtung.

Von einem Zusammenhang zwischen dem Schlangenkopf des Nadelhalters und dem anschließenden Buchstabengewirr ist auszugehen (Abb. 14 Ausschnitt).

Abb. 14: Ausschnitt der Fußplatte.

Die Darstellung der Inschrift ermöglicht kontroverse Interpretationen bezüglich des Künstlers. Es ist möglich, ihn als Dilettanten zu betrachten, der aus Platzmangel nach sieben Zeilen begonnen hat, die Buchstaben ohne weitere Überlegungen anzubringen, um wenigstens einen Teil der ihm vorgegebenen Worte auf der Fibel angebracht zu haben oder um eine ornamentale Verzierung mit Lettern zu erzeugen. Alternativ kann man aber auch eine feste Absicht hinter der Anordnung sehen. So ist wie bei den wikingerzeitlichen Runensteinen eine gezielte Gestaltung denkbar, mit welcher eine Verknüpfung von Text- und Bild-Ebene hergestellt wurde.

Eine scheinbar »primitive« oder »dilettantische« Inschrift kann völlig andere Ursachen haben. Diese erschließt sich uns aber nur schwer, da sie mit unserem modernen Leseverständnis, mit einer deutlich in geordneten Zeilen angeordneten Schrift, nur wenig zu tun hat. Bei den Runensteinen des 9.–11. Jahrhunderts zeigt sich immer wieder der Bezug zwischen Buchstabenanordnung und konzeptioneller Gestaltung, vielfach auch in der Form eines Rätsels. Man kann somit von einer regelrechten Komposition reden, die den Leser verwirren sollte und gleichzeitig einen hohen Wissensstand forderte. Für die Wittislinger Fibel ist eine vergleichbare Konzeption möglich, in diesem Fall wäre die Gestaltung des unteren, scheinbar »verworrenen« Buchstabensammelsuriums intentional.

Legt man die wesentlichen Strukturen der Rückseite auf die vorderseitige Ausführung der Fibel, als könne man durch diese hindurchschauen, werden bemerkenswerte Übereinstimmungen der beiden Seiten deutlich. Der schlangenförmige Nadelhalter ist gleichbreit wie die abstrahierte Schlange auf der Vorderseite und verläuft genau in deren Mitte. Der zuvor beschriebene Zwischensteg auf der Vorderseite trennt auf der Rückseite den oberen, eindeutig linear ausgerichteten Textbereich vom unteren Buchstabengewirr ab, da sich auf Höhe des Steges die beiden Sonderzeichen in Form eines bogenförmiges Symbols und eines Querstrichs innerhalb der Inschrift befinden. Die geometrische Übereinstimmung kann als Hinweis auf die Trennung zweier inhaltlicher Inschriftsabschnitte gedeutet werden. Der zweite Abschnitt stellt möglicherweise Abkürzungen von Eigennamen oder Weiheformeln dar. Es kann sich hierbei aber auch um germanische Worte oder deren Abkürzungen handeln. Eine vergleichbare Interpretation findet sich bei einer Schwertinschrift des 6.–7. Jh. aus Pernik (Bulgarien). E. Dentschewa deutet die Inschrift +IHININIhVILPIDHINIhVILPN+ anhand neuer linguistischer Analysen wie folgt: »Ich hier drin (d. h. ich, der ich in der Scheide bin), warte nicht auf die Zeit (d. h. auf die Entscheidung über Leben und Tod), ich bin selbst die Zeit (d. h. ich habe selbst die Macht zur Entscheidung über Leben und Tod).«

Da die Bügelfibel in ihrer Gesamtgestaltung ein Unikat darstellt, ist der Versuch einer alamannisch-langobardischen Sprachdeutung des unteren Teils durchaus erwägenswert. Die Fibel könnte also auch eine Mischung von lateinischen Worten (im oberen Teil) und mit lateinischen Buchstaben (im unteren Teil) verfassten germanischen Wörtern darstellen. Auf dem um 700 hergestellten berühmten Elfenbeinkästchen aus Northumbrien, dem angelsächsischen Franks Casket, ist eben gerade diese Mischung von germanischer und lateinischer Schrift erkennbar, beide Sprachen kamen auf einem Objekt zur Geltung.

Für die Wittislinger Fibel ergeben sich somit neue Forschungsansätze, die hoffentlich in den nächsten Jahren in interdisziplinärer Form durchgeführt werden können.

Fazit

In diesem Artikel wurden die Möglichkeiten und Begrenzungen einer archäologischen Analyse der alamannischen Frau aufgezeigt. Die Schwierigkeit, einen 1 : 1 Abgleich zwischen der Welt der Toten und der Lebenden vorzunehmen, dürfte deutlich geworden sein. Die Materialfülle innerhalb der Gräber deutet an, dass Frauen der höheren gesellschaftlichen Schichten definitiv nicht hinter ihren Männern zurückstanden. Vergleichen wir den Befund mit anderen germanischen Gruppen, wie z. B. den Vandalen oder den Langobarden, dann fällt auf, dass die Alamanninnen sehr viele Objekte mit ins Grab bekamen.

Anhand des Grabes von Wittislingen konnte aufgezeigt werden, was für ein enormes Forschungspotential sich immer noch hinter den Bestattungen verbirgt. Gehörte die Dame von Wittislingen schon zu dem Personenkreis, der sich mit den fränkischen Machthabern arrangiert hatte, gab es vielleicht schon Heiratsbande? Oder war ihr Blick eher gegen Süden, also das langobardische Reich, gerichtet, suchte sie hier ihre Bündnispartner? Wie sollen wir die Inschrift auf der Fibel deuten? Sind wir mit den Parallelen zu den Grabinschriften auf der richtigen Spur oder gibt es völlig andere Wege, den scheinbar zum Teil verworrenen Text zu interpretieren? Es sind lauter Fragen, auf die vielleicht in den nächsten Jahren einige Antworten gegeben werden können.

Das Kapitel zur Fibel von Wittislingen basiert auf Untersuchungen, die im Rahmen der Bachelorarbeit von Felicia Stahl 2014 angestellt wurden.

LITERATUR ZUR ALAMANNISCHEN FRAU

Brather, Sebastian: Alter und Geschlecht zur Merowingerzeit. Soziale Strukturen und frühmittelalterliche Reihengräberfelder, in: Johannes Müller (Hg.): Alter und Geschlecht in ur- und frühgeschichtlichen Gesellschaften. Tagung Bamberg 2004 (Universitätsforschungen zur Prähistorischen Archäologie, Bd. 126), Bonn 2005, S. 157–178.

Brather, Sebastian: Kleidung, Bestattung, Ritual. Die Präsentation sozialer Rollen im frühen Mittelalter, in: ders. (Hg.): Zwischen Spätantike und Frühmittelalter. Archäologie des 4. bis 7. Jahrhunderts im Westen, Berlin 2008, S. 237–274.

Brather, Sebastian: Kleidung und Identität im Grab. Gruppierungen innerhalb der Bevölkerung Pleidelheims zur Merowingerzeit, in: Zeitschrift für Archäologie des Mittelalters 32 (2004), S. 1–58.

BRATHER, Sebastian: Memoria und Repräsentation. Frühmittelalterliche Bestattungen zwischen Erinnerung und Erwartung, in: Sebastian BRATHER, Dieter GEUENICH, Christoph HUTH (Hgg.): Historia archaeologica. Festschrift für Heiko Steuer zum 70. Geburtstag (Reallexikon der Germanischen Altertumskunde, Ergänzungsband 70), Berlin/New York 2009, S. 247–284.

CHRISTLEIN, Rainer: Die Alamannen. Archäologie eines lebendigen Volkes, Stuttgart/Aalen 1978.

CHRISTLEIN, Rainer: Merowingerzeitliche Grabfunde unter der Pfarrkirche St. Dionysius zu Dettingen, Kreis Tübingen, und verwandte Denkmale in Süddeutschland, in: Fundberichte aus Baden-Württemberg 1 (1974), S. 573–596.

FUCHS, Karlheinz, u. a. (Red.): Die Alamannen. Begleitband zur Ausstellung »Die Alamannen«. Ausstellungskatalog, Stuttgart 1997.

HÄRKE, Heinrich: Beigabensitte und Erinnerung. Überlegungen zu einem Aspekt des frühmittelalterlichen Bestattungsrituals, in: Jörg JARNUT, Matthias WEMHOFF (Hgg.): Erinnerungskultur im Bestattungsritual (MittelalterStudien des Instituts zur Interdisziplinären Erforschung des Mittelalters und seines Nachwirkens, Bd. 3), Paderborn 2003, S. 107–125.

STAECKER, Jörn: Geschlecht, Alter und materielle Kultur. Das Beispiel Birka, in: Sebastian BRATHER, Dieter GEUENICH, Christoph HUTH (Hgg.): Historia archaeologica. Festschrift für Heiko Steuer zum 70. Geburtstag (Reallexikon der Germanischen Altertumskunde, Ergänzungsband 70), Berlin/New York 2009, S. 475–500.

STEUER, Heiko: Frühgeschichtliche Sozialstrukturen in Mitteleuropa. Eine Analyse der Auswertungsmethoden des archäologischen Quellenmaterials (Abhandlungen der Akademie der Wissenschaften in Göttingen, Philologisch-Historische Klasse, Folge 3, Bd. 128,), Göttingen 1982.

IM ARTIKEL ERWÄHNTE BACHELOR- UND MASTERARBEITEN UND DISSERTATIONSPROJEKTE

HASLER, Annika: Beigaben in merowingerzeitlichen Gräberfeldern. Untersuchung von Alters- und Geschlechtspezifika, unveröffentlichte Bachelorarbeit, Tübingen 2013.

JASCH, Isabelle: BMI-Berechnungen verschiedener mittelalterlicher Gräberfelder im Vergleich. Grabbeigaben und/oder die Nähe zur Kirche als Indiz für einen höheren BMI?, unveröffentlichte Bachelorarbeit, Tübingen 2012.

KLASS, Sebastian: Krieger oder nicht? Möglicher Nachweis von Schwertkämpfern anhand der Auswertung spezifischer Muskelansatzstellen, unveröffentlichte Masterarbeit, Tübingen 2013.

TERP-SCHUNTER, Martina: In signo crucis. Eine vergleichende Studie zu den alamannischen und langobardischen Goldblattkreuzen, laufendes Dissertationsprojekt an der Universität Tübingen, Stand April 2015.

LITERATUR ZUR FIBEL VON WITTISLINGEN

BOPPERT, Walburg: Die frühchristlichen Grabinschriften aus der Servatiuskirche in Maastricht, in: Clemens DEDIJN (Red.): Sint-Servatius, Bisschop van Tongeren-Maastricht. Het vroegste Christendom in het Maasland. Handelingen vat het colloquium te Alden Biesen (Bilzen), Tongren et Maastricht 1984 (Kunst en oudheden in Limburg, Bd. 28), Borgloon-Rijkel 1986, S. 64.

Böhner, Kurt: Die große Bügelfibel von Wittislingen. Ein Werk des »Wittislinger Meisters«?, in: Hermann Dannheimer (Hg.): Festschrift für Hans-Jörg Kellner zum 80. Geburtstag (Bayerische Vorgeschichtsblätter, Beihefte, Bd. 65), München 2000, S. 179–192.

Böhner, Kurt: Wittislingen, in: Reallexikon der Germanischen Altertumskunde 35 (2007), Berlin/New York, S. 725–739.

Dentschewa, Emilia: Langobardische (?) Inschrift auf einem Schwert aus dem 8. Jahrhundert in bulgarischem Boden, in: Beiträge zur Geschichte der deutschen Sprache und Literatur 128 (2006), S. 1–11.

Menghin, Wilfried: Die Langobarden. Archäologie und Geschichte, Stuttgart 1985.

Staecker, Jörn: Das Rätsel der Runensteine, in: Archäologie in Deutschland 26, Heft 1 (2010), S. 36–39.

Waldispühl, Michelle: Schreibpraktiken und Schriftwissen in südgermanischen Runeninschriften. Zur Funktionalität epigraphischer Schriftverwendung (Medienwandel – Medienwechsel – Medienwissen, Bd. 26), Zürich 2013.

Werner, Joachim: Das alamannische Fürstengrab von Wittislingen (Münchner Beiträge zur Vor- und Frühgeschichte, Bd. 2), München 1950.

Gräfin Agnes

Von Peter Hilsch

Gräfin Agnes von Württemberg gilt mit Recht als Stammmutter aller späteren württembergischen Grafen, Herzöge und Könige. Sie wurde zwischen 1243 und 1250 geboren und starb am 13. März 1265. Um 1260 heiratete sie den Grafen Ulrich I. von Württemberg, den man auch als Ulrich »mit dem Daumen« oder (ab dem späten 16. Jahrhundert) als Ulrich »den Stifter« bezeichnete, obwohl das Stift Beutelsbach wohl schon vor seiner Zeit bestanden hatte. Mit diesem Ulrich und seinem Vetter Hartmann von Grüningen beginnt die eigentliche Geschichte der Grafschaft Württemberg.

Mit der Absetzung Kaiser Friedrichs II. auf dem Konzil von Lyon (1245) durch Papst Innozenz IV. entstand für die beiden Grafen, die bisher zu den staufischen Anhängern zählten, aber auch durch den Kaiser bisher in ihren Entfaltungsmöglichkeiten gehindert worden waren, eine neue Situation.[1] Durch Finanzhilfen des Papstes befördert, verließen die Truppen der Vettern ein Heer König Konrads IV. bei Frankfurt im Jahr 1246 und Konrad musste deshalb hier dem Gegenkönig Heinrich Raspe weichen. 1251, nach dem Tod Kaiser Friedrichs II., begab sich Ulrich als Abgesandter der schwäbischen Grafen, die nun eigentlich das schwäbische Herzogtum repräsentierten, zu Innozenz IV. nach Lyon. Der Papst und die antistaufischen Kräfte im Reich suchten sich die bei den schwäbischen Grafen ausgezeichnet vernetzten Ulrich und Hartmann gewogen zu halten; das galt vor allem auch für Heinrich Raspe und die beiden Könige Wilhelm von Holland und Richard von Cornwall. Den Württembergern wurden Reichslehen, Klostervogteien und Pfandschaften übertragen, sie besetzten auch staufisches Eigengut. Nach dem Interessenausgleich zwischen der päpstlichen und der staufischen Seite 1254 in Urach wurde zwar von den Grafen der Anspruch des jungen Konradin auf das Herzogtum akzeptiert, der bedeutende Machtzuwachs der Grafengruppe wurde aber nicht angetastet. Als Ulrichs Vetter Hartmann von Grüningen 1258 kinderlos starb, übertrug Konradin dem Ulrich das Marschallamt über Schwaben und die Schutzvogtei über Ulm. Ob diese Privilegien wirklich realisiert wurden, wissen wir nicht, zweifellos aber legte der erfolgreiche Ulrich die territorialen Grundlagen für die künftige württembergische Herrschaft, nicht zuletzt auch durch seine erste Ehe mit Mechthild von Baden (bis 1258/59). Erst diese bekannten Tatsachen ermöglichen es uns, die Ehe der Agnes mit Ulrich I., seine zweite Ehe, richtig einzuschätzen.

Nur selten erfahren wir bei den Vorfahren bzw. Vorgängern Ulrichs I., die seit 1139 (wenn auch mit chronologischen Lücken) als Grafen bezeichnet wurden, etwas über ihre Ehefrauen.[2] Aber es kann kaum ein Zweifel bestehen, dass ihre Eheverbindungen weitgehend, wenn nicht ausschließlich, mit den Grafenfamilien Schwabens geschlossen wurden. Nach Meinung Decker-Hauffs hat allerdings Graf Hermann (vermutlich der Vater Ulrichs I.) die Tochter des Grafen Ulrich von Ulten (Südtirol), Irmengard, geehelicht, die mütterlicherseits wiederum von Urachern und Zähringern abstammte. Das schwäbische Netzwerk Ulrichs I. fiel schon dem Zeitgenossen Albertus Behaim, Dekan am Passauer Domkapitel, auf, der um 1246 schrieb: »Jener von Württemberg glänzt durch seine Verwandtschaft, mit Rittern und militärischer Macht, und herrscht mit der Unterstützung seiner Blutsverwandten in Schwaben« (*Ille de Wirtenberch fulget consanguineis, militibus et potentia militari, consanguineorum adjutorio Suevie imperando*).[3]

Halten wir uns die Bedeutung Ulrichs I. für Württemberg vor Augen, ist der Wortlaut der einzigen zeitnahen württembergischen Nachricht, die uns von Agnes und ihrer Ehe berichtet, erstaunlich. Es ist die in gotischen Majuskeln gehaltene Inschrift auf dem Doppelgrabmal der Ehepartner, das wohl im letzten Drittel des 13. Jahrhunderts wahrscheinlich für die ursprüngliche Familiengrablege der frühen Württemberger in Beutelsbach angefertigt worden ist. Es ist im Zusammenhang mit der Verlegung des Stifts (1321) in die Stuttgarter Stiftskirche übertragen worden.[4]

Die Grabinschrift lautet: »Im Jahr des Herrn 1265 starb Frau Agnes, Tochter des Herzogs von Polen, Gräfin von Württemberg, am 3. vor den Iden des März (13. März). Im selben Jahr starb Ulrich Graf von Württemberg, der Ehemann der vorgenannten Frau Agnes, am 5. vor den Kalenden des März (25. Februar).« (*ANNO DOMINI MCCLXIIIII OBIIT DOMINA AGNES FILIA DUCIS POLONIE COMITISSA DE WIRTNWERG III° IDUS MARCII + EODEM ANNO OBIIT ULRICUS COMES DE*

Abb. 1: Das Grabmal von Agnes und Ulrich von Württemberg in der Stiftskirche Stuttgart.

WIRTENBERG MARITUS PRESCRIPTE DOMINE AGNETIS V° KALENDAS MARCII).

Agnes war die älteste Tochter Herzogs Boleslaw II. von Schlesien-Liegnitz († 1278) und der Gräfin Hedwig von Anhalt. Boleslaw nannte sich selbst nur in seinen frühesten Urkunden Herzog Schlesiens und Polens (*dux Slesie et Polonie*), nie Herzog Polens allein; ab 1253 führte er nur den schlesischen Herzogstitel.[5] Er stammte aus der schlesischen Linie der polnischen Piasten, war der älteste Sohn des bedeutenden Herzogs Heinrich II. des Frommen und der Anna von Böhmen, Tochter des böhmischen Königs Přemysl Otakar I.

Heinrich II., der sich Herzog von Schlesien, Krakau und Polen nannte, war in der Schlacht bei Liegnitz gegen die Mongolen (1241) gefallen.[6] Dieser Tod hatte für Schlesien tiefer greifende Folgen als die Verwüstungen der Mongolen, denn mit Heinrichs Söhnen begann die Aufteilung Schlesiens in Teilfürstentümer. Boleslaw II., ständig in Geldnot, konnte schließlich nur das Liegnitzer Teilfürstentum für sich behaupten.[7]

Auch zwei schlesisch-polnische Quellen erwähnten die Ehe der Agnes mit Ulrich von Württemberg. Das *Chronicon Polono-Silesiacum* schreibt um 1285: »Es hatte [...] Boleslaus von seiner ersten Gattin drei Töchter, eine von ihnen übergab er dem Grafen von Württemberg« (*Habuit...Boleslaus tres filias de prima uxore, quarum unam tradidit comiti de Wirtenberg*). In der *Genealogia S. Hedwigis* (um 1300) steht: »Die erste Tochter Herzog Bole-

slaws, Agnes, heiratete Ulrich, den Grafen von Württemberg«
(*Prima filia ducis Boleslai, Agnes, nupsit Ulrico comiti de Wirthenberch*).[8]

Sehr auffällig ist die Tatsache, dass Agnes auf der Grabinschrift zuerst genannt ist, obwohl sie 16 Tage nach Ulrich gestorben war. Ihre Bezeichnung als württembergische Gräfin steht erst nach der Erwähnung ihrer Abkunft von einem Herzog Polens. Graf Ulrich von Württemberg wird in seiner Inschrift ausdrücklich als Ehemann der genannten Agnes gekennzeichnet. Offenbar war für Ulrich und seine Nachkommen die Ehe mit einer standesgemäß höher stehenden Herzogstochter von größter Bedeutung; sie konnte ihre beträchtlichen territorialen Gewinne aus der nachstaufischen Zeit beglaubigen und sie im Ansehen und Prestige über die anderen (schwäbischen) Grafen erheben. Mögliche Aspirationen Ulrichs I. und seiner Nachfolger auf das vakante schwäbische Herzogsamt hätten damit auch befördert werden können. Ob bei der Einschätzung der Agnes auch ihre Abstammung von der hl. Hedwig (diese war ihre Urgroßmutter) oder vom böhmischen König Přemysl Otakar I.[9] oder die Tatsache, dass die Piasten viele Könige Polens gestellt hatten, eine Rolle spielten, ist möglich.

Moderne Vorstellungen von Heirat und Ehe müssen wir für das Mittelalter ausschließen. Mit an Sicherheit grenzender Wahrscheinlichkeit haben sich Agnes und Ulrich vor ihrer Ehe nicht gesehen. Heiraten waren im Adel, von sehr seltenen Ausnahmen abgesehen, politische Geschäfte. Umso interessanter ist nun die Frage, wie es zur Ehe dieser Partner aus voneinander weit entfernten Ländern gekommen war und wie diese Verbindung möglicherweise vermittelt wurde.

Wir kommen zunächst auf die erste Ehe Ulrichs mit Mechthild/Mathilde von Baden (vor dem 4. April 1251 geschlossen) zurück, die ihm territoriale Gewinne, darunter den Besitz von Stuttgart, eingebracht hatte.[10] Die territorialen Interessen der Badener und Württemberger konzentrierten sich fortan auf unterschiedliche Gebiete und eine ganze Reihe württembergisch-badischer Ehen folgten der Ehe Ulrichs mit Mechthild. Vermutlich ging es nicht nur um den territorialen Gewinn, der für Ulrich allerdings wohl an erster Stelle stand. Die Ehe mit der Tochter eines Markgrafen, des bedeutenden königsnahen Hermann V. von Baden, aus einer Familie, die enge verwandtschaftliche Beziehungen zu großen Fürstenfamilien im Reich hatte, spielte wohl auch eine Rolle. Ein Bruder der Mechthild, Hermann VI. von Baden, hatte eine der beiden Erbinnen Österreichs, Gertrud von Babenberg, geheiratet und war 1249 in Österreich als Landesherr eingezogen; er ist allerdings bereits 1250, wohl durch Mörderhand, ums Leben gekommen. Sein Sohn Friedrich von Baden übernahm später seinen Herrschaftsanspruch.

Es ist zu vermuten, dass die Vermittlung der Ehe über den böhmischen König Přemysl Otakar II. bzw. seinen Hof lief. Denn der »goldene König« hatte gute und zunehmend enge Beziehungen zu den schlesischen Fürsten, darunter auch zu Boleslaw II., aufgenommen. Wladislaw, einen Bruder Boleslaws, hatte er wohl 1256 zum Propst des Kollegiatsstifts auf dem Wyschehrad (der nach der Prager Burg wichtigsten Befestigung und zeitweiligen Residenz im Süden Prags) gemacht.[11] Ein weiterer Bruder, Heinrich III. von Breslau, war ebenfalls ein enger Verbündeter Otakars, erschien im Januar 1259 an seinem Hof und beteiligte sich am siegreichen Feldzug des Böhmen gegen den ungarischen König Bela (Schlacht von Kressenbrunn 1260). Damit sicherte sich Otakar den Besitz der Steiermark.[12]

Am 23. Mai 1261 befinden sich am Hof des böhmischen Königs im südböhmischen Pisek alle Personen, die möglicherweise an der Ehevermittlung zwischen Agnes und Ulrich beteiligt gewesen waren:[13] Friedrich von Baden, ein Neffe der ersten Ehefrau Ulrichs also, und ein Bruder der Agnes (Heinrich V.?), also ein Schwager Ulrichs, erscheinen als Spitzenzeugen dieser Urkunde,[14] ebenso Wok von Rosenberg, Marschall des Königreichs Böhmen. Dieser mächtige südböhmische Magnat aus der Witigonenfamilie war ein enger Vertrauter des Königs, stand in Oberösterreich an der Spitze der Militärverwaltung und wurde nach 1260 Hauptmann der Steiermark.[15] In seinem Testament vom 4. Juni 1262[16] steht eine bisher nicht beachtete Nachricht zu Ulrich I.: »Ebenso rufe ich die Gnade des Herrn, meines Königs an, er solle dafür sorgen, dass die 200 Mark Silber, die ich den Prager Kanonikern gegeben habe, ihnen restituiert werden und er solle von diesem Geld 30 Mark selbst bekommen, weil (?) ich 30 Mark des Geldes, das dem Grafen von Württemberg zu geben ist, schon aus der Steiermark bekommen habe.« (*Item peto et invoco gratiam d.mei regis, ut ducentas marcas argenti, quas canonicis Pragensibus dedi, faciat restitui et triginta marcas de eadem recipiat peccunia, quia triginta marcas de peccunia comiti de Wirtenberch danda de Styr iam recepi*).

Diese Nachricht wirft allerdings mehr Fragen auf, als sie beantwortet. Hängt dieses dem Ulrich geschuldete Geld direkt mit der Eheschließung Ulrichs mit Agnes zusammen? Dass die 30 Silbermark etwa Teil einer Mitgift Boleslaws II. gewesen sein könnten, ist unwahrscheinlich. Aber welches war die Leistung Ulrichs, die von der böhmischen Seite jetzt beglichen werden sollte? Der zeitliche Zusammenhang könnte auf eine bisher unbekannte militärische (oder finanzielle) Unterstützung Ulrichs und seiner Ritter im Kampf des Böhmenkönigs und seiner schlesischen Anhänger gegen die Ungarn 1260 hindeuten, die zur endgültigen Sicherung der Steiermark führte; daher kam auch das dem Württemberger zustehende Geld.[17]

Wie dem auch sei: Ohne Zweifel können wir auf einen engeren Kontakt Ulrichs I. zu dem böhmischen König und seinen schlesischen und böhmischen Anhängern schließen, in welchem die von ihm hoch erwünschte Eheschließung mit der Herzogstochter Agnes zwanglos einen passenden Platz einnehmen konnte.

Agnes hatte Ulrich I. vermutlich zwei Kinder geboren, zuerst eine Tochter, Irmengard (* vor Frühjahr 1264, ∞ vielleicht mit Hesso von Baden, † vor 1278)[18]. Agnes starb bei der Geburt ihres zweiten Kindes am 13. März 1265 im Kindbett; über die wohl dramatischen Ereignisse im Zusammenhang mit dem Tod ihres Ehemannes zwei Wochen zuvor haben wir leider keine Nachrichten. Spätere Quellen berichten von einem Kaiserschnitt,[19] was damals in der Regel den Tod der Frau bedeutete. Das Kind überlebte jedoch und musste ohne Mutter aufwachsen: Eberhard I. der Erlauchte von Württemberg, der »kongeniale Sohn Ulrichs I.« (Mertens), der seit dem Tod seines kinderlosen Stiefbruders Ulrich II. (1279) 46 Jahre allein regierte.

ENDNOTEN

1 Dazu und zum Folgenden Mertens: Weltliche Territorien, S. 15–21; Mertens/Lorenz/Press: Württemberg, S. 10–22.
2 Mertens/Lorenz/Press: Württemberg, S. 8–12.
3 Behaim (Bohemus): Schwäbischer Adel, S. 237; dazu auch Mertens: Württemberg, S. 15 mit weiteren Angaben.
4 Zum Grabmal der detaillierte Kommentar von Harald Drös, in: ders.: Die Inschriften des Rems-Murr-Kreises, S. 4–6 (auch zum Folgenden).
5 Drös/Fritz: Inschriften, S. 4f., Anm. 5.
6 Jasiński: Genealogie, S. 94–99.

7   Ebd., S. 109–111; Jaeckel: Piasten, S. 35–37; Randt: Politische Geschichte, S. 111f.
8   Chronicon Polono-Silesiacum, MGH SS 19, S. 570, diese Nachricht ist auch in die Chronik der polnischen Fürsten (Chronica principum Poloniae) übernommen worden. Genealogia s. Hedwigis, Zitat nach Jasiński: Genealogie, S. 138, Anm. 1. Zu diesen Chroniken auch Gottschalk: St. Hedwig, S. 13, S. 18f.
9   So Decker-Hauff: Agnes von Schlesien-Liegnitz, S. 11–19. Er verweist auch auf ihre Verwandtschaft mit der hl. Elisabeth.
10 Mertens/Lorenz/Press: Das Haus Württemberg, S. 22f.
11 Šebánek/Dušková: CDB, Bd. 5, Nr. 102 (Papst Alexander IV. nimmt Wladislaw und seine Brüder Heinrich, Boleslaw und Konrad, die Herzöge Schlesiens, in seinen Schutz auf).
12 Novotný: České dějiny, Bd. 14 (Böhmische Geschichte), S. 84–92.
13 Šebánek/Dušková: CDB, Bd. 5, Nr. 283 (Schenkung des Königs an Bischof Bruno von Olmütz); zu Friedrich auch Novotný: České dějiny 14 (Böhmische Geschichte), S. 117.
14 *Fridericus filius domine G. ducisse de Iudenburch, filius domini B. ducis Slezie…* Friedrich wurde allerdings 1262 vom Hof des Böhmenkönigs verbannt, weil er mit seinen Ansprüchen auf Österreich ein Konkurrent Otakars wurde.
15 Wagner: Wok von Rosenberg, S. 173–198. Siehe auch Vaníček: Familienpolitik, S. 97–102.
16 Emler: Regesta diplomatica, Nr. 371, S. 144.
17 Über die zahlreichen Verbündeten des böhmischen Königs gegen die Ungarn (ohne Erwähnung Ulrichs) Novotný: České dějiny, Bd. 14 (Böhmische Geschichte), S. 84f.; über ihre auch finanziellen Erwartungen u. a. in den Annales Otakariani, MGH SS 9, S. 184.
18 Mertens/Lorenz/Press: Das Haus Württemberg, S. 25.
19 z. B. Stälin: Annales Stuttgartienses, S. 6.

QUELLEN
Annales Otakariani, MGH SS 9, S. 184.
Chronicon Polono-Silesiacum, MGH SS 19, S. 570.
Emler, Josef (Hg.): Regesta diplomatica nec non epistolaria Bohemiae et Moraviae (Bd. 2), Prag 1882, Nr. 371, S. 144.
Šebánek, Jindřich, Dušková, Saša (Hgg.): Codex diplomaticus et epistolaris regni Bohemiae (CDB, Bd. 5), Nr. 102.
Stälin, Christoph F. von (Hg.): Annales Stuttgartienses, in: Württembergische Jahrbücher für vaterländische Geschichte, 1849 II, S. 6.

LITERATURVERZEICHNIS
Behaim (Bohemus), Albert: Dossier über den schwäbischen Adel, in: Thomas Frenz, Peter Herde (Hgg.): Das Brief- und Memorialbuch des Albert Behaim (MGH Briefe des späteren Mittelalters I), München 2000, S. 237–238.

DECKER-HAUFF, Hansmartin: Agnes von Schlesien-Liegnitz, in: Wilfried SETZLER, Volker SCHÄFER, Sönke LORENZ, u. a. (Hgg.): Frauen im Hause Württemberg, Leinfelden-Echterdingen 1997, S. 11–19.

DRÖS, Harald, FRITZ, Gerhard (Bearb.): Die Inschriften des Rems-Murr-Kreises (unter Benutzung der Vorarbeiten von Dieter Reichert) (Die deutschen Inschriften, Bd. 37), Wiesbaden 1994.

GOTTSCHALK, Joseph: St. Hedwig. Herzogin von Schlesien, Köln–Graz 1964.

JAECKEL, Georg: Geschichte der Liegnitz-Brieger Piasten (Bd. 1), Lorch 1980.

JASIŃSKI, Kazimierz: Rodowód Piastów Śląskich (Die Genealogie der schlesischen Piasten, Bd. 1), Wrocław 1973.

MERTENS, Dieter: Ulrich I., Mechthild von Baden, in: Dieter MERTENS, Sönke LORENZ, Volker PRESS (Hgg.): Das Haus Württemberg. Ein biographisches Lexikon, Stuttgart 1997, S. 20–23.

MERTENS, Dieter: Weltliche Territorien. Württemberg, in: Handbuch der baden-württembergischen Geschichte, Bd. 2 (Die Territorien im Alten Reich), Stuttgart 1995, S. 1–163.

NOVOTNÝ, Václav: České dějiny [Böhmische Geschichte] (Bd. I, 4), Praha 1937.

POTKOWSKI, Edward: Agnes von Schlesien-Liegniz in, Dieter MERTENS, Sönke LORENZ, Volker PRESS (Hgg.): Das Haus Württemberg. Ein biographisches Lexikon, Stuttgart 1997, S. 23.

RANDT, Erich: Politische Geschichte bis zum Jahre 1327, in: Ludwig PETRY (Hg.): Geschichte Schlesiens (Bd. 1), Stuttgart [5]1988, S. 73–156.

WAGNER, Adolf: Wok von Rosenberg, in: Bohemia 3 (1962) S. 173–198.

VANÍČEK, Vratislav: Die Familienpolitik der Witigonen, in: Marie BLÁHÓVA, Ivan HLAVÁČEK (Hgg.): Böhmisch-österreichische Beziehungen im 13. Jahrhundert, Prag 1998, S. 85–105.

Geliebte des Kaisers, Landesherrin, Geschäftsfrau und Nonne. Frauen in und um das mittelalterliche Winnenden

Von Ellen Widder

Der vorliegende Beitrag ist aus einem Vortrag hervorgegangen, den ich im Mai 2012 an der Volkshochschule der Stadt Winnenden gehalten habe. Anlass waren die Festwochen zum achthundertjährigen Stadtjubiläum, die mit der Einweihung des erneuerten Stadtbrunnens einen Höhepunkt fanden. Auf ihm wurde das »Winnender Mädle« und sein Verehrer, der um die Mitte des 13. Jahrhunderts nachweisbare Minnesänger Gottfried von Neuffen, ein jüngerer Sohn des Stadtgründers Heinrich, verewigt. Diese Episode aus der Welt des Minnesangs findet sich in der Manessischen Liederhandschrift in einem der dort überlieferten Lieder des Neuffeners. Da das »Mädle« selbst 2012 in anderem Zusammenhang behandelt werden sollte, hatte ich mich in meinem Vortrag ursprünglich ganz allgemein mit Existenzbedingungen von Frauen im Mittelalter befassen wollen. Ein Blick auf die Überlieferung zeigte aber, dass es eine ganze Reihe von Frauen in der Zeit von 1200 bis 1500 gegeben hat, die mit Winnenden in eine wie auch immer geartete Beziehung gebracht werden können. Daher versteht sich dieser Beitrag als eine Studie, bei der die Überlieferung zu Winnenden das »Leitfossil« bildet, die aber mit dem Blick auf die lokale »Mikroebene« schlaglichtartig grundsätzliche Aspekte weiblicher Existenz im Mittelalter behandeln soll. Gleichzeitig wird ein kritischer Blick auf verschiedene Quellentypen und ihre Überlieferungschancen geworfen, die unter Berücksichtigung des modernen Forschungsstandes diskutiert werden.

Einleitend soll zum besseren Verständnis ein kurzer Überblick zur Stadtgeschichte von Winnenden gegeben werden. Ihre Anfänge führt man auf das Jahr 1212 zurück, was den Anlass für das 2012 gefeierte Stadtjubiläum gab. Die erste schriftliche Erwähnung erfuhr Winnenden jedoch schon etwa vierzig Jahre früher in der Regierungszeit des staufischen Herrschers Friedrich I. Barbarossa. Der Kaiser stellte am 25. Mai 1181 eine Urkunde für das nicht weit entfernte Kloster Adelberg aus, die in der

Zeugenreihe einen *Gotefridus de Wineden* aufführt. Dieser Hochadelige, ein jüngerer Nachkomme der Herren von Schauenburg, hatte sich mit dem Bau der Burg Alt-Winnenden (heute Bürg) einen »Familienstammsitz« geschaffen. Sein Schwiegersohn und Erbe Heinrich von Neuffen erhielt 1212 vom Enkel Barbarossas, dem deutschen König (und späteren Kaiser) Friedrich II., das Privileg der sogenannten Marktgerechtigkeit und damit die Grundlage für die Errichtung der Stadt Winnenden, die heute als die älteste Stadt im Rems-Murr-Kreis gilt. Im Jahr 1325 kam Winnenden durch Kauf an Württemberg, dessen Schicksal es von da an teilte. Unter den für die Stadt besonders einschneidenden geschichtlichen Ereignissen ist der Dreißigjährige Krieg zu nennen, dem durch Besetzungen, Plünderungen, Einfälle und Seuchen mehr als drei Fünftel der Einwohnerschaft zum Opfer fielen. Betrachtet man das bisher zur Stadtgeschichte Gesagte kritisch, dann lässt sich feststellen, dass Frauen darin nicht vorkommen. Dieser Eindruck führt häufig zu der Annahme, dass Frauen in der Geschichte generell allerhöchstens eine Nebenrolle gespielt haben.

Wirft man einen Blick auf die mittelalterliche Quellenüberlieferung, dann stößt man allerdings auf ein Problem. Sie umfasst meist nicht das, was Historikerinnen und Historiker gerade interessiert, sondern folgt einer anderen Logik. Mittelalterliche Quellen sind keineswegs für alle Lebensbereiche gleichmäßig überliefert. Erzählende Quellen, sogenannte Annalen und Chroniken, sind für die meisten Städte Mangelware. Viele Dokumente wurden gar nicht archiviert und verschwanden daher im Laufe der Zeit. Stadtarchive haben im Laufe ihres Bestehens Quellenverluste hinnehmen müssen oder wurden erst später eingerichtet. Doch existieren darüber hinaus auch ganz normale ›Verzerrungen‹ in der Quellenüberlieferung. Archive von Bürgerfamilien haben sich aus dem Mittelalter nur in den seltensten Fällen erhalten, dasselbe gilt auch für Adelsfamilien, deren erhaltenes Schriftgut – wenn überhaupt – häufig erst im späten 14. und 15. Jahrhundert einsetzt. Die Urkundenschätze besser verwahrt haben die geistlichen Institutionen. Doch auch sie trafen eine Auswahl der Rechtstitel, die ihnen für die dauernde Aufbewahrung wichtig erschien. Nicht die Tagesgeschäfte, d. h. die Rechtsangelegenheiten mit kurzer Laufzeit, überdauerten die Zeiten, sondern fast ausschließlich Gütertransaktionen und Rechtsverleihungen mit langer Gültigkeit. Betrachtet man die überliefernden Institutionen, dann stellen geistliche Körperschaften daran einen besonders hohen Anteil. Von daher stammt aus dieser Sphäre ein Großteil der im Folgenden zu behandelnden Stücke.

Am 1. Mai des Jahres 1288 schenkten Berthold von Neuffen und seine Frau Richenza von Löwenstein (*Leonstein*) dem Deutschen Orden für ihr und ihrer Vorfahren Seelenheil den Kirchensatz (*das recht des lehens der pfarre*) zu Winnenden und zur Einrichtung eines Ordenshauses daselbst, neben weiteren Gütern und Zinsen in Grunbach (*Grombach*) den dortigen Wald Thronbsch, ferner ihre Güter in der Bieberach, das Messneramt der Pfarrei Winnenden und endlich zwei Höfe außerhalb der Mauern dieser Stadt, die Richenza als Morgengabe besessen hatte (*die uns Richenza zu morgengab gegeben [...] welche liöf aus eheliger begabung der gedachten unsers eheligen gemahels zugehörten von anfang unsers eheligen stands*) (WUB, Bd. 9, Nr. 3743, S. 207). Hier wurde also ein sogenanntes Seelgerät gestiftet, dessen Sorge den Brüdern des Deutschen Ordens übergeben wurde. Hierfür investierte das Ehepaar kräftig und sorgte gleichzeitig dafür, dass in ihrer Stadt Winnenden der Orden eine Niederlassung bekam, die angemessen ausgestattet und dotiert wurde.

Nur wenige Jahre später hören wir wieder etwas von derselben Richenza, die inzwischen verwitwet war (WUB, Bd. 10, Nr. 4282, S. 67–71). Vier Schiedsrichter, darunter der Komtur von Heilbronn, ein weiterer Deutschordensbruder sowie zwei Esslinger Honoratioren, entschieden in einem Rechtsstreit zwischen Richenza von Neuffen, geborener Gräfin von Löwenstein und Witwe Graf Bertolds von Neuffen, und dem Dominikanerinnenkloster Weiler (bei Esslingen) über Güter in *Alpolspach*, gemeint ist das heutige Allmersbach im Tal (Rems-Murr-Kreis), die Richenza den Dominikanerinnen überlassen hatte. Dabei erfährt man einiges darüber, wie dieses Procedere einst vonstattengegangen war. Man hatte Richenza, bezeichnet als die Herrin von Neuffen (*die frowen von Nifen*), vor den Marienaltar im inneren Chor der Klosterkirche gebracht, wo sie Gott und den Klosterfrauen ihren Besitz »geopfert« hatte. Als dies »vollbracht« war, erhielt sie die Güter aus den Händen der Deutschordensbrüder und des Klosters als Zinslehen zum lebenslangen Niesbrauch zurück. Als Nutzungsgebühr sollte Richenza dafür dem Kloster jährlich zwei Pfund Wachs am Abend vor Sankt Martin, d. h. jeweils am 10. November, und den Deutschordensbrüdern ein Pfund Wachs entrichten. Nun bestand aber das Problem, dass die Güter damals in anderen Händen lagen, da sie an die Schenken von Winnenden (*Winindin*) verpfändet waren. Mit anderen Worten, der Streit entbrannte um die Lösung des Pfandes durch Richenza und seine Modalitäten.

In der gleichen Urkunde wurden auch Verfügungen über die Einkünfte aus dem Gut getroffen, die offenbar auf Wünsche Richenzas zurückgingen und deren Umsetzung Priorin und Konvent des Klosters Weiler für sich und ihre Nachfolgerinnen der Stifterin gelobten. Die jährlichen Erträge sollten geviertelt werden, wobei genaue Regelungen über die einzelnen Anteile getroffen wurden. Ein Viertel sollte an die Schwestern gehen, die alt und krank, ein Viertel an die Schwestern, die bettlägerig waren, das dritte Viertel an die gesunden und kranken Konventualinnen für einen Gottesdienst einmal im Jahr und das vierte Viertel an den gesamten Konvent für die Messe, die zur Jahrzeit Richenzas sowie ihres Ehemannes, des verstorbenen Berthold von Neuffen, und ihrer beiden Eltern und Geschwister sowie ihrer Vorfahren gehalten werden sollte. Hier war also von Richenza nach demjenigen von 1288 ein weiteres Seelgerät gestiftet worden, das das Seelenheil der Stifterin, ihres Mannes und ihrer Herkunftsfamilien auf alle Zeit sichern sollte. Natürlich stellt sich die Frage nach den Gründen dieser weiteren großen Investition in die Jenseitsvorsorge. Hierfür lassen sich insgesamt zwei anführen. Richenzas Ehe war offenbar kinderlos geblieben, von daher konnte sie nicht davon ausgehen, dass sich in Zukunft eigene Nachkommen um ihr und ihres Mannes Seelenheil kümmerten. Allein dies schon rechtfertigte den hohen Mitteleinsatz. Andererseits wissen wir, dass Richenza nach dem Tod ihres ersten Mannes noch eine neue Ehe einging. Da sie sich das Gut in Allmersbach zum lebenslangen Nießbrauch von den Nonnen hatte zusichern lassen, konnte sie mit dessen Einkünften zumindest für ihre eigene Lebenszeit rechnen.

Angesichts dieser klug gewählten rechtlichen Konstruktion stellt sich ganz allgemein die Frage nach den Aufgabenfeldern von Nonnenklöstern im Mittelalter. Hierfür kann der Konvent der Dominikanerinnen von Weiler (heute Weil), an den die Stiftung von 1292 ging, stellvertretend dienen. Das heutige Weil, seit 1935 ein Stadtteil von Esslingen, liegt im Tal auf der linken Neckarseite ungefähr drei Kilometer westlich der heutigen Kernstadt. Die erste Erwähnung des Frauenkonvents stammt aus dem Jahr 1230 und findet sich in einem mit Erlaubnis Bischof Konrads von Konstanz geschlossenen Tauschvertrag zwischen dem Dekan Heinrich von Nellingen und einigen Laienschwestern (*conversae*) aus Esslingen, der es letzteren ermöglichte, ein Kloster zu errichten. Eine Urkunde, die über den genauen Zeitpunkt der Gründung, ihren Umfang und ihre weiteren Stifterinnen und Stifter Auskunft geben könnte, ist nicht überliefert. Zwar wurde sie zuweilen den Herren von Neuffen zugeschrieben, was aber nicht beweisbar ist. Einziges Indiz wäre die gerade vorgestellte große Seelgerätstiftung der Witwe Graf Bertolds von Neuffen, Gräfin Richenza von Löwenstein, im Jahre 1292.

Gut zwei Generationen später, im Jahre 1362, versprach die Priorin von Weiler auf Mahnung der Esslinger Dominikaner, dass im Kloster nicht mehr als 70 Nonnen aufgenommen werden sollten; vorher seien es angeblich bis zu 130 gewesen. Von ihrer materiellen Lebensbasis hörten wir bereits in der oben behandelten Urkunde. Auch von den Baulichkeiten des ausgehenden 13. Jahrhunderts konnte man zumindest im Nebensatz etwas erfahren: »Also brachten wir die Frau von Neuffen vor den Frauenaltar im inneren Chor (der Kirche) zu Weiler, die dort unserem Herrgott und unserer Frau (Maria) das genannte Gut zu Allmersbach gab und opferte« (*Alsus brahten wir die frowen von Nifen fur unser frowen alter in den inren choer ze Wilar, die gáb und opherht unserm herren got und unser frowen. das vor genamph gut ze Alpolspach*). Von den mittelalterlichen Baulichkeiten des Klosters hat sich nur sehr wenig erhalten, nachdem das im 16. Jahrhundert evangelisch gewordene Herzogtum Württemberg alle Klöster aufgelöst und in der Folge anderen Nutzungen zugeführt hat. Damit sind viele bauliche und künstlerische Zeugnisse mittelalterlicher Frömmigkeit vernichtet worden bzw. im Laufe der Zeit untergegangen. Aus dem Kloster in Weil hat sich nur ein vermutlich in Ulm im Umkreis von Hans Multscher um das Jahr 1471 entstandenes sogenanntes Vesperbild (ital. Pietà) erhalten, das heute im Württembergischen Landesmuseum in Stuttgart aufbewahrt wird. Es diente der mystischen Versenkung der Nonnen in die Schmerzen der leidenden Gottesmutter, von dem auch das aus der Mitte des 15. Jahrhunderts stammende Weiler Schwesternbuch ein beredtes Zeugnis ablegt.

Eine Vorstellung von der Kirche eines Frauenklosters aus der Zeit der Stiftung Richenzas vermittelt noch heute das Gotteshaus der Klarissen in Pfullingen, ein Ort, der nicht weit von der ehemaligen schwäbischen Reichsstadt Reutlingen entfernt liegt. Auch hier hat die Reformation ihre Spuren hinterlassen. In diesem Fall wurde das Kloster nicht vollkommen zerstört, sondern seit dem 16. Jahrhundert einer weitgehenden Umnutzung zugeführt. So haben sich nur wenige Reste der Konventsgebäude erhalten und von der einstigen Kirche nicht mehr als die Hälfte des Längsschiffs. Der Kirchenbau des Frauenklosters stammt aus der Zeit kurz nach 1300. Die Fresken im Inneren sind ausschließlich in den Farben Weiß und Rot auf grauem Grund gehalten und zeigen ein mit feinen Linien gezeichnetes, sehr elegantes raumhohes Maßwerk. Trotz aller betonten Schlichtheit verweisen sie auf einen europäischen Horizont der auf hohem künstlerischen Niveau arbeitenden Maler.

Da sich in der Urkunde für Weiler aus dem späten 13. Jahrhundert konkrete Angaben zum Ort finden, an dem das Rechtsgeschäft getätigt wurde, nämlich vor dem Frauenaltar, also dem der Gottesmutter Maria geweihten Altar im »inneren« Chor der Kirche, d. h. hinter dem Lettner oder auf einer Nonnenempore, lassen sich auch Überlegungen zur Ausstattung des angesprochenen Altares anstellen. Wie schon erwähnt, hat sich für Weiler selbst nichts aus der Zeit um 1300 erhalten, wohl aber in den Museen des Landes (Abb. 1). Hier können zumindest einige Vergleichsobjekte gezeigt werden. Im Württembergischen Landesmuseum Stuttgart befinden sich heute zwei Madonnenstatuen aus dem 13. Jahrhundert; die eine, gefertigt aus Lindenholz, entstand um die Mitte des 13. Jahrhunderts vermutlich im »östlichen Schwaben«, die andere aus Weidenholz in Ostbayern oder Südböhmen in den Jahren um 1270/1280. Die Einbindung solcher Bildwerke in den Kultus der Klosterfrauen, deren Tagesablauf einem festen Rhythmus von Beten und Arbeiten unterlag, vermitteln wiederum Buchmalereien aus der Zeit. Ein Beispiel dafür findet sich in einem um 1250/1260 entstandenen Graduale, einem Choralbuch für den Messgesang, aus dem Besitz Aliénors (1275–1342), einer bretonischen Herzogstochter und Äbtissin der westfranzösischen Abtei Fontevraud. Auf einer darin befindlichen Abbildung sieht man, wie einige Nonnen vor Maria mit dem Jesuskind beten. Die imaginierte Anwesenheit der Mutter Gottes wurde in der liturgischen Praxis durch eine Statue symbolisiert (Abb. 2). Aufschlussreich ist aber, in welch starkem Maß auch Rechtshandlungen, im Falle von Weiler die Schenkung von

Abb. 1: Madonnenstatue, Ostbayern oder Südböhmen, 1270/80, Weidenholz. Stuttgart, WLM 1925-81.

Abb. 2: Nonnen vor der Gottesmutter Maria mit dem Jesuskind. Paris, Atelier des Nicolas Lombard, Graduale der Aliénor de Brétagne, Äbtissin von Fontevraud, Frankreich, um 1250/60.

Besitz an das Kloster, in diesen geistlichen Kontext eingebunden waren; dies vermittelt die Urkunde von 1292 eindrucksvoll.

Doch haben sich nicht nur Zeugnisse frommer Frauen und ihrer adeligen Förderinnen für Winnenden und darüber hinaus erhalten. Ebenfalls aus klösterlicher Überlieferung erfährt man noch ganz andere Dinge. So verpflichteten sich die Priorin und der Konvent des Dominikanerinnenklosters in Kirchheim unter Teck am 21. Oktober des Jahres 1300 als Erbinnen der Adelheid Pflügerin von Esslingen, eine Gülte von Weinbergen bei Türkheim und dem heutigen Bad Cannstatt, die jene Adelheid einer Frau namens Elisabeth von Winnenden schuldete, zu bezahlen. Wer diese beiden Frauen waren, wissen wir nicht. Hier könnten weitere Forschungen vielleicht Aufschluss bringen, die aber in jedem Fall auf eine sehr schüttere und dem Zufall überlassene Quellenüberlieferung angewiesen bleiben. Doch zeichnet sich bei diesem Beispiel ab, dass mittelalterliche Frauen sehr wohl wirtschaftlich aktiv waren und in diesem Fall mit den Pachteinnahmen aus Weinbergen Geschäfte tätigten. Man könnte dies vielleicht noch als einen für Frauen untypischen oder zumindest ungewöhnlichen Einzelfall werten, doch zeigt die Überlieferung sehr deutlich, dass dies keineswegs der Fall war. Denn ganz ähnlich verhält es sich bei einer nur einen Tag später ausgestellten Urkunde, in der ein Konrad, genannt der Messner, und sein Bruder Albrecht von Winnenden an eine Schwester namens Adelheid Konstantinin von Esslingen eine Gülte zu Neustadt (bei Waiblingen) verkauften. Eine Gülte ist eine Grundrente; sie belief sich in diesem Fall auf zehn Schilling Heller und stammte aus verschiedenen Ackerstücken mit einem Gesamtumfang von vier Morgen. Keine zwei Jahre später, am 2. April 1302, verkaufte ein Mann namens Markward Mesner von Waiblingen derselben Schwester Adelheid und ihren Erben eine Gülte in Höhe von einem Pfund Heller aus seinem Weingarten.

Ein anderer Fall ist in der folgenden, wenige Jahrzehnte jüngeren Urkunde dokumentiert: Der Edelknecht Albrecht der Köseler verkaufte am 13. Oktober 1334 mit Willen seiner Frau Bet, wahrscheinlich eine Kurzform von Elisabeth, sein freieigenes Gut zu Nellmersbach an Konrad Rindfleisch, Bürger zu Winnenden. Der Verkäufer war ein Angehöriger des niederen Adels, das Einverständnis der Ehefrau für das Rechtsgeschäft offenbar notwendig, ohne dass wir Genaueres über die Hintergründe wüssten. Ganz ähnlich verhält es sich bei dem folgenden Fall aus dem

Jahre 1428, als am 19. April Hans von Höfingen, Truchsess und Edelknecht, und seine Frau Mya, Schenkin von Winnenden, an den Schorndorfer Bürger Johann Gaisberg einen Hof zu Lippoldsgeren und Güter zu Heutensbach, Ödernhardt und Bürg um 732 Pfund und 4 Schilling Heller verkauften. Dieselbe Mya, hier bezeichnet als Mig, Schenkin von Winnenden und Ehefrau des Hans Truchsess von Höfingen, verkaufte fünfzehn Jahre später, am 17. März 1443, dem Sankt Katharinen und Sankt Jörgen Altar auf der Burg zu Winnenden ihr Gut zu Breuningsweiler um 45 Pfund Heller. Es handelte sich dabei um keine geringe Summe, bedenkt man, dass ein Heller in der Zeit etwa 0,37 Gramm Feinsilber wog und ein Pfund die Menge von 1024 Heller umfasste, d. h. knapp 90 Gramm gewogen hat. Bei 45 Pfund Heller dürfte es sich demnach um etwa vier Kilogramm Silber gehandelt haben, über die die Schenkin frei verfügte. Doch betätigten sich Ehefrauen auch als Kreditgeberinnen für ihren Ehemann. So verpfändete am 4. Juni 1442 Graf Ulrich V. von Württemberg (* 1413, reg. 1433–1480) seiner Gemahlin Margarete von Kleve und Mark die Burg und Stadt Winnenden sowie das Schloss Ebersberg um 12.361 Gulden. Ein Gulden ist ein Goldstück mit einem Edelmetallgewicht von rund 3,4 Gramm, d. h. es handelte sich bei der Pfandsumme umgerechnet um eine Menge von etwa 4,2 Kilogramm Gold.

Falls man diese Geschäfte und Finanztransaktionen für reinen Zufall halten oder auf eine kleine, unrepräsentative Schicht von Frauen beschränkt sehen möchte, dann belehrt einen folgendes Beispiel eines Besseren. Es stammt zwar nicht aus Winnenden, wohl aber aus der Region. In dem um die Mitte des 14. Jahrhunderts entstandenen Urbar des württembergischen Amtes Asperg haben sich Angaben über die Namen von Inhabern und Inhaberinnen von Gütern und Liegenschaften in verschiedenen Orten erhalten. Unter Urbaren, die in Südwestdeutschland auch als Lagerbücher bezeichnet werden, versteht man Verzeichnisse, in denen der gesamte Besitz einer Herrschaft nebst den daraus resultierenden Abgaben verzeichnet ist. Erhalten haben sich aus den Jahren um und nach 1350 Aufzeichnungen über vier württembergische Ämter, nämlich Leonberg, Stuttgart, Waiblingen und Asperg, doch stützen gewichtige Indizien die Annahme, dass damals auch weitere Ämter verzeichnet wurden. Christine Raff-Schinko hat vor einigen Jahren in ihrer Untersuchung zum altwürttembergischen Urbar Asperg unter anderem aufschlussreiche Ergebnisse zum Anteil von Männern und Frauen ermittelt. So stellte sie fest, dass bei einer Gesamtzahl von 402 darin verzeichneten Inhabern von Gütern, die an die Herrschaft Württemberg Abgaben zu leisten hatten, immerhin knapp 20 Prozent Frauen waren.

Kommen wir nun zu einem anderen Punkt, der auch für die Gegenwart ein wichtiges Thema bildet. Es geht um die Frage, wer bzw. was den hier behandelten Frauen als Vor- bzw. Leitbild diente, d. h. mit wem sie sich im Bedarfsfall identifizierten. Auch hierfür lassen sich in der Überlieferung Ansätze zu Aussagen finden. Dafür muss man noch einmal zu der oben bereits behandelten verheirateten adeligen Dame Mya (oder Mig), Schenkin von Winnenden, zurückkehren. Wir hörten bereits von dem Gut, das sie 1443 dem St. Katharinen und St. Jörgen Altar auf der Burg zu Winnenden verkaufte. Es fragt sich, ob man die Patrone des Altars, d. h. die Heiligen Katharina und Georg (= Jörgen), denen der Altar geweiht war, nicht doch einer genaueren Betrachtung und Deutung unterziehen kann und sollte. Bei Georg ist der Fall eindeutig. Er wurde im Mittelalter als Ritter, Fürst, Drachentöter und Heidenkämpfer verehrt und bot damit breite Identifikationsflächen für adelige Männer. Ganz ähnlich verhält es sich bei Katharina von Alexandria. Sie war nach der Gottesmutter Maria die beliebteste weibliche Heilige des Mittelalters; laut der im Spätmittelalter allgemein bekannten *Legenda Aurea* war sie die Tochter des heidnischen Königs Costus, lebte um 300 n. Chr. im ägyptischen Alexandrien und trat zum christlichen Glauben über. Aufgrund ihrer hohen Bildung konnte sie fünfzig heidnische Philosophen und Gelehrte davon überzeugen und ebenfalls zum Christentum bekehren, wodurch sie schließlich selbst das Martyrium erlitt. Auf Altarbildern des Spätmittelalters findet man sie häufig dargestellt, beispielsweise auf den um 1440 entstandenen Tafeln aus einem Katharinenzyklus, gemalt von einem anonymen oberrheinischen Meister. Darauf findet sich zum einen Katharina, wie sie den Götzendienst verweigert, zum anderen, wie sie mit den fünfzig Weisen erfolgreich diskutiert (Abb. 3). Katharina verfügte damit über einen hohen Identifikationswert, der nicht nur adelige Frauen, aber diese besonders, ansprach. Die Mischung aus vornehmer Abkunft, hoher Bildung, Glaubensbeständigkeit, Überzeugungsgabe, Mut und Opfergeist umfasste ein ganzes Bündel an Tugen-

Abb. 3: Oberrheinischer Meister, Tafel aus einem Katharinenzyklus, Holz, um 1440. Katharina diskutiert mit fünfzig Weisen.

den und stellte damit einhergehende Identifikationsangebote bereit.

Dies leitet zu der nicht uninteressanten Frage über, ob es sich bei adeligen Frauen ganz allgemein nur um »verkaufte Töchter« gehandelt hat, wie die ältere Forschung unhinterfragt annahm. Man ahnt bereits, dass die bislang präsentierten Befunde nicht ganz so eindeutig negative Aussagen zulassen, wobei hierzu einige weitere Gedanken und Ausführungen folgen sollen. Wir hörten bereits, dass Graf Ulrich V. von Württemberg seiner Ehefrau Margarete am 4. Juni 1442 Burg und Stadt Winnenden und das Schloss Ebersberg auf Wiederlosung um 12.361 Gulden verpfändete. Diese Margarete wurde 1416 als älteste Tochter des Grafen (seit 1417 Herzog) Adolf II. von Kleve-Mark (* 1373, † 1448) und seiner zweiten Ehefrau Maria von Burgund (* 1393, † 1463) geboren. Als Achtjährige zunächst mit Landgraf Ludwig I. von Hessen verlobt, heiratete sie 1433 mit siebzehn Jahren den 41 Jahre älteren Herzog Wilhelm III. von Bayern-München (* 1375, † 1435). Aus dieser Ehe gingen zwei Söhne hervor, die zwar ihren Vater überlebten aber noch als Kinder starben. Bereits 1435 gerade einmal neunzehnjährig verwitwet, wurde Margarete 1441 in Stuttgart die erste Ehefrau Graf Ulrichs V. von Württemberg. Das Paar bekam nur ein Kind, eine Tochter namens Katharina (* 1441, † 1497), die erst Prämonstratenserin und später Dominikanerin wurde. Margarete selbst starb mit nur 28 Jahren am 20. Mai 1444; ihr Ehemann, Graf Ulrich von Württemberg (* 1413, † 1480), ging danach noch zwei weitere Ehen ein. Vom Grafen und seinen drei Frauen haben sich heute zwei Gemälde erhalten, die im Württembergischen Landesmuseum in Stuttgart aufbewahrt werden und viele Bildbände zu den spätmittelalterlichen Württembergern schmücken. Es handelt sich dabei zum einen um ein Vollporträt Graf Ulrichs V. mit seinem Wappen und zum anderen um etwa gleichgroße Abbildungen seiner drei Ehefrauen. Von links nach rechts, erkennbar an den ihnen beigefügten Wappen, sieht man Herzogin Margarete von Kleve-Mark (* 1416, † 1444), Herzogin Elisabeth von Bayern (* 1419, † 1451) und Herzogin Margarete von Savoyen (* 1420, † 1479). Datiert werden die Tafeln auf die Zeit um 1470/1480. Doch entspricht die heutige Präsentationsform nicht der ursprünglichen Intention.

Aufgrund der konfessionellen Entwicklung im 16. Jahrhundert, d. h. der Einführung der Reformation, dem damit vollzogenen Übertritt des Landesherrn zum Luthertum und der damit einhergehenden Aufhebung des Kirchenbesitzes hat man das einstige Kunstwerk irgendwann in späterer Zeit zersägt und seinen eigentlichen Mittelpunkt, ein ursprünglich dort vorhandenes Heiligenbild, entfernt (Abb. 4). Möglicherweise ereignete sich dies erst im 19. Jahrhundert, als man ein spezifisches Inter-

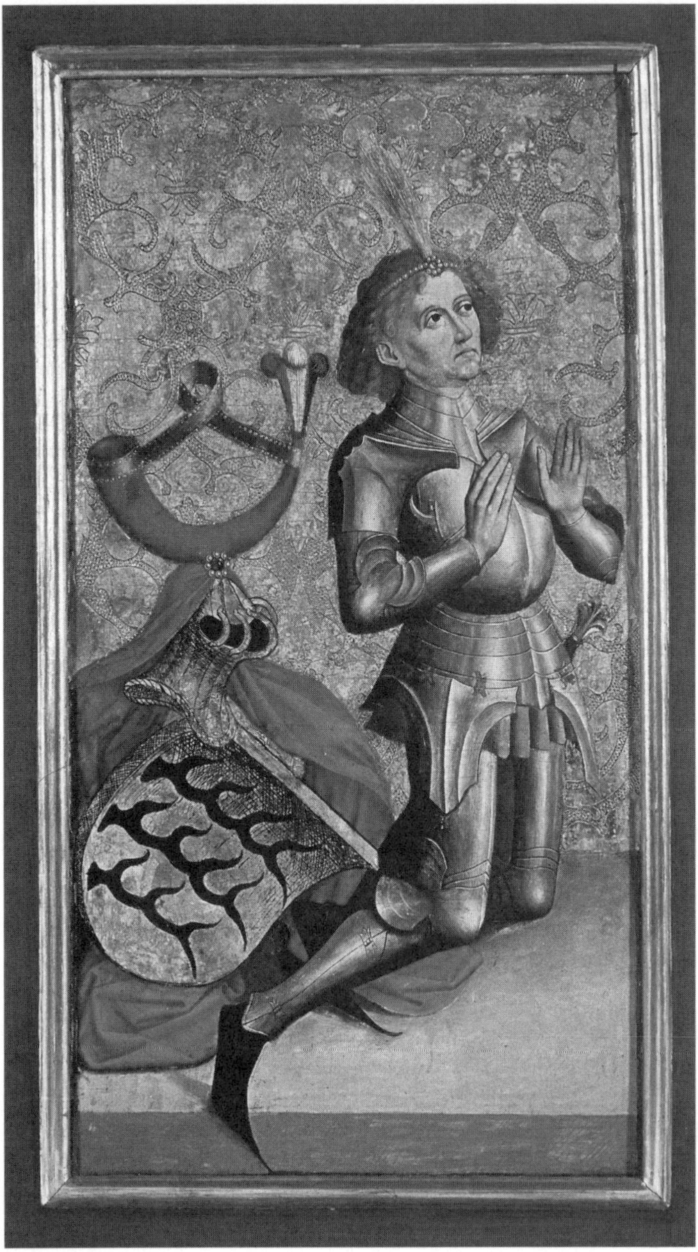

Abb. 4: Der linke und der rechte Teil des Altars mit Stifterbildern Graf Ulrichs V. von Württemberg († 1480) und seiner drei Ehefrauen (v.l.n.r.) Herzogin Margarete von Kleve-Mark († 1444), Herzogin Elisabeth von Bayern († 1451) und Herzogin Margarete von Savoyen († 1479). Stuttgart (?), um 1470/80. Möglicherweise aus der Stuttgarter Stiftskirche.

esse an »historischen Fürstenporträts« entwickelte. Dabei stellt sich die spannende Frage, was sich Ulrich und zumindest seine letzte Gemahlin Margarete bei der Stiftung des Bildes vom »Himmlischen Hof«, zu dem die heute verschwundenen Heiligen eine Verbindung herstellen, konkret erhofft haben. Denn auch hier waren die dabei getätigten Investitionen hoch, da man sich vorstellen muss, dass solche Bilder nicht isoliert bestellt wurden, sondern in einen konkreten Stiftungskontext eingebettet waren. Dieser umfasste – wenn es sich nicht gerade um den Hochaltar handelte – eigene Kapellen, die meist im Rahmen eines größeren sakralen Zusammenhangs, d. h. im oder am Kirchenraum platziert waren. Ferner gehörte nicht nur ein Altarbild dazu, sondern auch die gesamte liturgische Ausstattung mit Altargerät, -schmuck und Messbüchern sowie das nötige Pfründenkapital zur Besoldung eines Priesters. Aus der archivalischen Überlieferung gehen keine Informationen hierzu hervor, zumal unklar ist, um welche Heilige, welchen Heiligen bzw. welche Heiligen es sich in diesem Falle konkret gehandelt hat. Auch über den ursprünglichen Aufstellungsort herrscht Unklarheit; möglicherweise war es die Stuttgarter Stiftskirche, wo sich Ulrich V. nach seinem Tod im Jahre 1480 bestatten ließ. Berücksichtigt man das Patrozinium der Kirche, die dem Heiligen Kreuz geweiht war, dann könnte es sich bei dem verlorenen Mittelteil des Altarretabels um eine Darstellung der Auffindung des Kreuzes Christi durch die Mutter Kaiser Konstantins, die Heilige Helena, gehandelt haben. Auch Helena war mittelalterlichen Frauen als fromme Kaiserin und Mutter ein Vorbild, die nötigen Informationen dazu lieferte die von den Predigern vermittelte *Legenda Aurea* in vielen Einzelheiten.

Wie man sich solche Altäre komplett vorzustellen hat, zeigt ein Blick auf das von Nicolas Froment gemalte, heute in der Kathedrale von Aix-en-Provence aufbewahrte Altarbild vom Brennenden Dornbusch. Es entstand circa 1475/1476, d. h. etwa zur selben Zeit wie das Stuttgarter Gemälde, und stellt neben der zentralen Szene auf dem linken Seitenflügel König René d'Anjou (* 1409, † 1480) und auf dem rechten seine zweite Frau Jeanne de Laval (* 1433, † 1498) dar, jeweils begleitet von Heiligen (Abb. 5). Aufgestellt war es ursprünglich in der Kirche des Aixer Karmelitenkonvents, d. h. in der eines für die Seelsorge zuständigen Bettelordens; nach der Zerstörung der Kirche im 19. Jahrhundert fand es seinen Platz in der dortigen Kathedrale. René (*Renatus*)

Abb. 5: Nicolas Froment (ca. *1430, † 1484/85), Triptychon vom Brennenden Dornbusch. Linker und rechter Flügel, König René d'Anjou und seine Ehefrau Jeanne de Laval, entstanden 1475/76. Aix-en-Provence, Kathedrale St. Sauveur, ursprünglich im Couvent des Grands-Carmes.

d'Anjou war König von Sizilien und Jerusalem, wenngleich er seinen Anspruch auf die beiden Königreiche, den er von seinem älteren Bruder Ludwig übernommen hatte, faktisch nie hatte durchsetzen können. Am Hof Graf Ulrichs V. von Württemberg war René kein Unbekannter. Der Graf und seine dritte Ehefrau Margarete von Savoyen standen in langjährigen Beziehungen zu ihm, da Margarete in erster Ehe mit Renés Bruder Ludwig von Anjou (* 1403, † 1434) verheiratet gewesen war. Noch Jahrzehnte später bestanden hohe finanzielle Ansprüche gegenüber dem Schwager, die sich auf mehr als 33.000 Scudi (à 3,2 Gramm Feingold) beliefen, wie aus der archivalischen Überlieferung hervorgeht. Man braucht aber nicht bis nach Südfrankreich reisen, um solche Altäre kennenzulernen, vielmehr reicht ein Besuch im Rottenburger Diözesanmuseum. Aus dem unmittelbaren Umfeld des württembergischen Hofes hat sich dort ein zeitgleich entstandener Altar aus Kilchberg (bei Tübingen) erhalten. Er zeigt auf den Innenseiten der ehemaligen Seitenflügel einen der wichtigsten Höflinge der Grafen, nämlich Georg von Ehingen

Abb. 6: Altarflügel eines Kilchberger Altars (um 1480) mit den Hl. Georg und Johannes dem Täufer (links) und Stifter (Georg von Ehingen) sowie der Hl. Margaretha und Barbara und Stifterin (Barbara Uelin). Auf den Außenseiten der Flügel befindet sich die Verkündigungsszene.

(* 1428, † 1508), mit seiner Ehefrau Anna Uelin (*† ?) in ganz ähnlicher Pose und begleitet von »ihren« Heiligen (Abb. 6).

Doch sollte man hier noch einmal zu Margarete von Kleve-Mark, Ulrichs erster Ehefrau zurückkehren, an die er 1442 Burg und Stadt Winnenden verpfändet hatte. Sie besaß noch weitere Geschwister, zu denen Maria/Marie gehörte (* 1426, † 1487), die jüngste Tochter des Grafen und späteren Herzogs Adolf II. von

Kleve-Mark (* 1373, † 1448) und dessen Ehefrau Maria von Burgund (* 1393, † 1463). Diese Maria heiratete 1440 als Vierzehnjährige im französischen Saint-Omer den neunundvierzigjährigen Charles de Valois, Herzog von Orléans (* 1394, † 1465), für den es die dritte Ehe war. Charles stammte aus der französischen Königsfamilie, war ein Neffe König Karls VI. von Frankreich († 1422) und gilt bis heute als einer der bedeutendsten Lyriker der Zeit um 1430. Aus der Ehe, die offenbar glücklich verlief, gingen nach sechzehn Jahren Kinderlosigkeit drei Nachkommen hervor. Es handelte sich um Marie (* 1457, † 1493), Ludwig

(* 1462, † 1515) und die jüngste, zwei Jahre nach ihrem Bruder geborene Tochter Anna (* 1464, † 1491). Während diese 1477 Äbtissin des bereits oben behandelten Klosters Fontevraud wurde, bestieg Ludwig als Ludwig XII. nach dem kinderlosen Tod König Karls VIII. im Jahre 1498 den französischen Königsthron. Schon dieser Blick auf die verwandtschaftlichen und genealogischen Verbindungen verdeutlicht nicht nur eindrucksvoll die Verflechtungen des europäischen Hochadels im späteren Mittelalter, sondern auch die weiten Kommunikationsräume der beteiligten Frauen.

Maria von Kleve-Mark und ihr Ehemann, Herzog Charles d'Orléans, sind auf einem heute in Paris aufbewahrten Wandteppich aus dem 15. Jahrhundert verewigt. Das Stück ist offenkundig kein Memorialzeugnis wie das zuvor behandelte Altarbild Graf Ulrichs V. und seiner drei Ehefrauen. Er handelt sich vielmehr primär um ein Stück fürstlicher und höfischer Repräsentation und vermittelt mit seinem hochmodisch gekleideten Paar so etwas wie den »Pariser Chic« des Spätmittelalters. Vermutlich hergestellt in der Zeit zwischen 1460 und 1465 in Brüssel, einem der Hauptorte der Burgundischen Niederlande, hat der Teppich ein Format von knapp zweieinhalb Metern Höhe und zwei Metern Breite. Auf ihm dargestellt ist das sich einander zuneigende Fürstenpaar vor bzw. unter einem von zwei Engeln gehaltenen blauen sowie an den Rändern perlenverzierten prächtigen Baldachin aus rotgefüttertem schweren Stoff. Die Szene spielt offenbar in einem Garten, auf einer mit blühenden Pflanzen besäten Wiese mit einzelnen Bäumen oder Büschen im Hintergrund. Die eine burgundische Spitzhaube tragende Frau befindet sich zur Rechten des Mannes, d. h. an seiner Ehrenseite. Während er einen eleganten Gehstock in der linken Hand hält, dessen Spitze den Boden berührt, wo ein kleiner Hund mit einem Stück Pergament oder Papier spielt, bewässert sie mit ihrer rechten Hand einen Blumenstock mit blühenden Nelken, der aus einem kostbar verzierten Topf emporwächst. Der zweifellos vorhandene hohe allegorische Gehalt des Bildes wird sich nicht mehr in allen Details aufschlüsseln lassen, denn neben dem bereits Gesagten sind selbst Schmuck und Kleidung mit Symbolen und der Gürtel der Frau mit dem Buchstaben »a« verziert. Dieses »a« könnte auf lateinisch *amor* bzw. französisch *amour*, d. h. auf die gegenseitige Liebe verweisen, während der Hund zu Füßen des Mannes als Symbol für die eheliche Treue verstanden werden kann. Vielleicht war der Teppich ein Geschenk zur Geburt ihres ersten (und einzigen) Sohnes und Erben Ludwig im Jahre 1462; jedenfalls spräche das Datum der Fertigung dafür. Immerhin hatte das Ehepaar sechzehn Jahre vergeblich auf Nachwuchs gewartet, auf einen Sohn insgesamt 22 Jahre. Auch am Hof der Herzöge von Burgund, aus dessen Umfeld der Teppich stammte und zu dem das Ehepaar enge verwandtschaftliche Beziehungen unterhielt, wartete man um die gleiche Zeit sehnsüchtig, wenngleich vergeblich auf einen männlichen Erben. Ein Vergleich mit der Dichtung des Herzogs könnte vielleicht weitere Aufschlüsse bringen.

Kinderlosigkeit war aber nicht nur ein Problem des dynastisch denkenden, Besitz und Macht vererbenden Hochadels, das zu massiver politischer Destabilisierung und im schlimmsten Fall zur Auflösung der Herrschaft führen konnte, wie es in Burgund nach dem Tod Karls des Kühnen, des letzten Herzogs aus dem Hause Valois, im Jahre 1477 auch geschah. Dass Kinderlosigkeit allgemein als Problem angesehen wurde, lässt sich bis in den Alltag der Menschen verfolgen, wobei an dieser Stelle vor allem der Blick auf die Frauen gerichtet werden soll. Auch hier bieten Altarbilder einen Zugang, der es ermöglicht, mentale Dispositionen offen zu legen. Aus der Zeit um 1470 hat sich ein auf Holz gemaltes Altarbild eines anonymen Basler Meisters erhalten, das heute auf Schloss Lichtenstein, gelegen am Trauf der Schwäbischen Alb hoch über dem Echaz-Tal, in der Sammlung der Herzöge von Urach aufbewahrt wird (Abb. 7). Offenbar hing es einstmals in einer Kirche des Predigerordens, denn es stellt das Geburtswunder des heiliggesprochenen Dominikaners und Märtyrers Petrus von Verona († 1252) dar. Auch in diesem Fall liefert die *Legenda Aurea* die nötigen Informationen; sie erzählt von einer Frau, die bereits drei Söhne tot auf die Welt gebracht hatte, deswegen von ihrem Mann gehasst wurde und die, nachdem sie einen vierten toten Knaben geboren hatte, in ihrer Not den Heiligen um Hilfe anrief. Dies hat der spätmittelalterliche Maler bildlich umgesetzt. Man sieht die Wöchnerin wie ihr von der Hebamme das nackte Neugeborene gereicht wird, während die drei übrigen Totgeborenen als Wickelkinder aufgereiht auf der Bettdecke liegen und sowohl Wiege wie Badezuber unberührt auf dem Boden stehen. Der ganze Raum wirkt verlassen und menschenleer, nur der Heilige bewirkt aus einer Wolke im Goldhimmel heraus das sich schon abzeichnende Wunder, dass

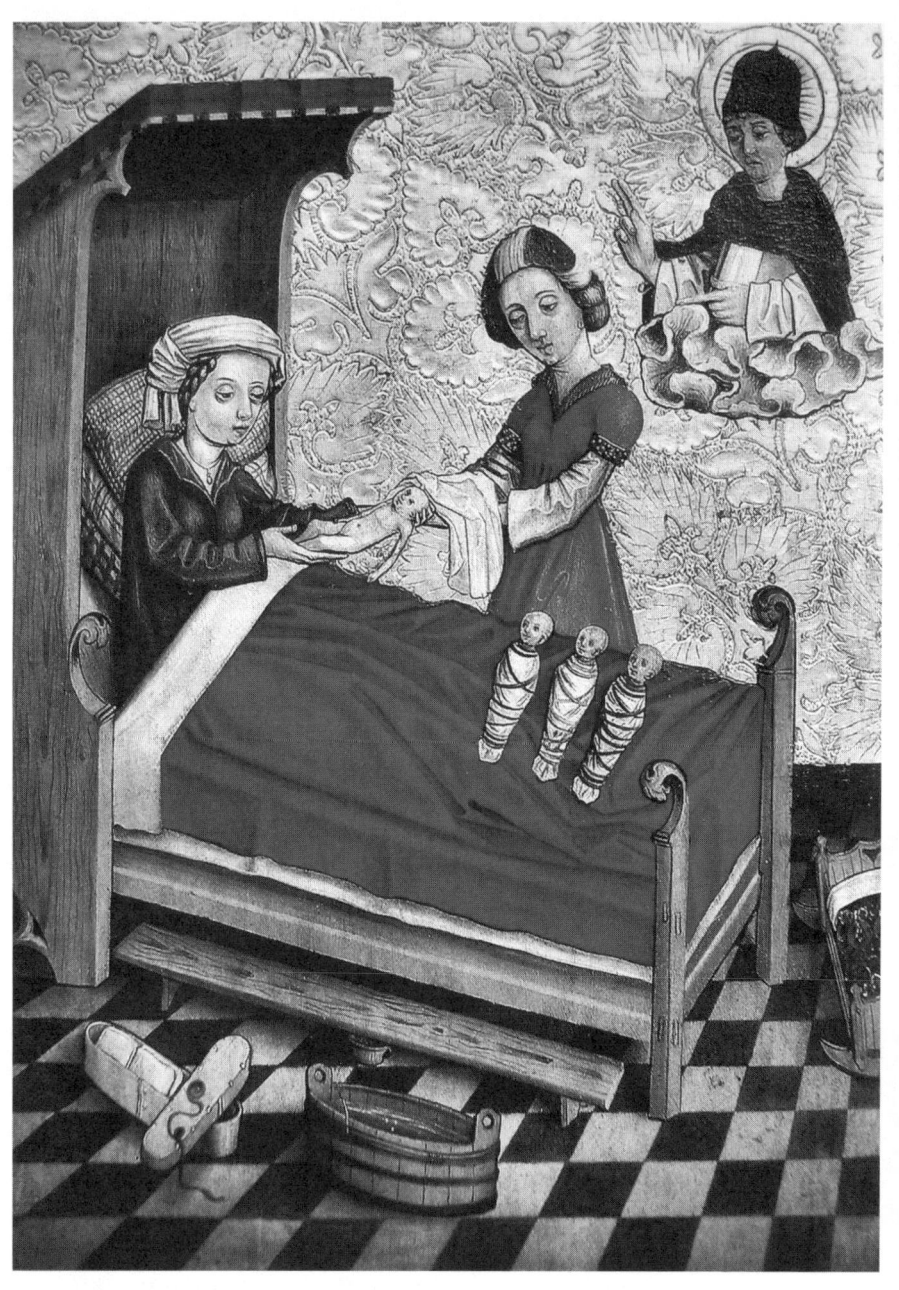

Abb. 7: Basler Meister, Das Geburtswunder des Heiligen Petrus Martyr, um 1470. Schloss Lichtenstein, Herzogliche Familie von Urach.

das Kind zum Leben erweckt wird. Vollkommen anders dagegen ist die fast zeitgleich entstandene Darstellung der Geburt Mariens (Abb. 8) wie sie ein anonymer oberrheinischer Meister um 1460/1465 auf die linke Flügelinnenseite eines Altar-Retabels gemalt hat, das vermutlich aus dem oberschwäbischen Kloster Ottobeuren stammt. Die glücklich verlaufende Geburt der späteren Gottesmutter gerät zum Fest; die betagte Wöchnerin Anna hütet das Bett und bekommt das Neugeborene aus den Händen der Hebamme überreicht. Joachim, der greise Kindsvater, sitzt neben ihr und liest, während ein hölzerner Zuber für das Bad des Kindes von zwei weiteren Frauen vorbereitet wird. Der fest-

Abb. 8: Oberrheinischer Meister, Die Geburt Mariens. Linke Flügelinnenseite eines ehem. Retabels aus dem Kloster Ottobeuren (?), um 1460/65. Nadelholz. Stuttgart, WLM 5258.

liche Charakter des freudigen Ereignisses wird durch die prächtigen bunten Vögel, einen Pfauen und einen Fasan, unterstrichen. Vergleicht man die in ihrer Ausstattung sehr ähnlichen Bildräume, dann sind die Aussagen eindeutig: Kinderlosigkeit führte im Mittelalter zu sozialer Isolation, während die Geburt von Kindern das genaue Gegenteil bewirkte.

Doch gab es noch andere Themen, die speziell Frauen berührten. Diese lassen sich vielleicht sogar dem Bereich der Skandale zuordnen, wobei man sich allerdings fragen muss, ob sie von den Zeitgenossen selbst als skandalös empfunden wurden oder ob sie erst im Nachhinein zu Skandalen erklärt (oder auch nicht erklärt) wurden. So schrieb vor einigen Jahren der Berliner Historiker und Kulturwissenschaftler Olaf B. Rader über (den verheirateten) Friedrich II., neben »Anais, der Blume von Syrien, pflückte der Kaiser in diesen Jahren noch weitere Blüten für seinen bunten Strauß, darunter ein Edelweiß aus dem Norden: die etwa zwanzigjährige Grafentochter Richenza oder Richina von Wolfsölden (um 1205 - nach 1235). Aus dieser Beziehung stammt eine Tochter namens Margarethe, die später mit Thomas von Aquin, Graf von Acerra (1226–1273), verheiratet wurde und um 1298 starb« (Rader, S. 239). Betrachtet man die von Gerhard Fritz erstellte Tafel zur Genealogie der Herrschaft in Winnenden, dann geht daraus hervor, dass auch die besagte Richenza/Richina von Wolfsölden Beziehungen dorthin unterhielt. Sie heiratete (als »abgelegte Geliebte« des Kaisers?) den Grafen Gottfried von Löwenstein und wäre damit die Mutter Richenzas von Löwenstein, der uns bereits bekannten Gemahlin und späteren Witwe des Winnender Stadtherrn Berthold von Neuffen.

Allerdings muss man sich kritisch fragen, ob Richina von Wolfsölden als Geliebte Kaiser Friedrichs II. vielleicht eher eine Fiktion von Historikern ist als eine historische Gestalt. Dies kann an dieser Stelle nicht weiterverfolgt werden, wäre aber nicht uninteressant zu erfahren. Wir wissen, dass der Staufer eine ganze Reihe von Beziehungen zu Frauen gepflegt hat, die nicht mit ihm verheiratet waren. Nur manche kirchliche Zeitgenossen fanden dieses Verhalten skandalös. Doch sind auch andere mögliche Hinweise auf »heimliche Liebschaften« in der Überlieferung ähnlich schwer zu enträtseln wie der Fall der Richina. So befreite beispielsweise am 31. Mai des Jahres 1469 der uns bereits bekannte Graf Ulrich V. von Württemberg einen Mann namens Reinhard Gertringer und seine Frau Geneve für deren Lebenszeit von Steuer und anderen Diensten und Beschwerden zu Winnenden. Wir wissen nicht, welche Intention den Grafen leitete, wohl fällt aber auf, dass die Wohltat offenbar besonders auf das Verdienstkonto Geneves ging. Ob es sich auch hier um eine (beendete?) Liebschaft des Grafen gehandelt haben könnte, wäre eine interessante Frage; vergleichbare Fälle sind auch anderweitig bekannt oder zumindest nahegelegt worden.

Zum Schluss soll schließlich der Blick auf eine Lebensform gerichtet werden, die sich an Frauen richtete, die als junge Frau oder eher noch nach einer Verwitwung weder Interesse an einer Heirat bzw. Wiederheirat noch an einem Eintritt in ein Kloster mit der Leistung der ewigen Gelübde Armut, Keuschheit und Gehorsam hatten, gleichzeitig aber auf den Schutz und/oder den Status einer geistlichen und regulierten Gemeinschaft Wert legten. Es handelt sich um die sogenannten Beginen. Diese Frauen waren in das städtische Leben integriert, indem sie vielfältige Aufgaben vornehmlich karitativer Art übernahmen; sie halfen den Armen, pflegten Kranke und Alte, richteten Verstorbene für die Bestattung her und beteten für sie. Auch im spätmittelalterlichen Winnenden gab es einen solchen Beginenkonvent, der die Regel des dritten Ordens des heiligen Franziskus von Assisi befolgte. Am 29. April 1494 bekannte Mutter Elsbeth Wernerin und die Schwestern des Konvents und der Klause zu Winnenden der Dritten Regel des Barfüßerordens, dass sie dem verstorbenen Ulrich von Altersberg für Almosensammeln 60 Gulden schuldeten, und verschrieben seinen beiden Söhnen, Leibeigenen der Herrschaft Löwenstein, bis zur Bezahlung der Schuld drei Gulden jährlichen Zins. Aus dem Dokument geht hervor, dass die Schwestern in Winnenden auf den Bettel angewiesen waren, diese Aufgabe aber anscheinend »delegiert«, d. h. in andere Hände gelegt hatten. Über Ulrich von Altersberg erfahren wir aus der Urkunde nur, dass er diese Aufgabe übernommen und vor seinem Tod daraus einen eigenen Anteil von immerhin 60 Gulden erwirtschaftet hatte, den ihm die Schwestern schuldeten. Wir erfahren auch, welchem sozialen Milieu er entstammte, da seine beiden Söhne Eigenleute der Grafschaft Löwenstein waren. Da die Schwestern offenbar nicht willens oder fähig waren, den Söhnen die ihnen zustehende volle Summe auszuzahlen, scheint man sich auf eine Verzinsung, also eine Art Rente, geeinigt zu haben. Diese betrug, durchaus zeittypisch, mit drei Gulden jährlich insgesamt fünf Prozent, wobei keine Tilgung des Kapitals vorgesehen war, sondern dieses in der vollen Höhe von 60 Gulden erhalten blieb.

Fasst man die hier präsentierten Befunde und die dabei gewonnenen Erkenntnisse zusammen, dann kommt man zu vielfältigen Ergebnissen. Zunächst ist festzuhalten, dass sich am Beispiel einer württembergischen Kleinstadt von damals unter 2.000 und heute knapp 30.000 Einwohnern – durch Zufall oder vielleicht auch nicht – ein ganzes Spektrum weiblicher Lebensentwürfe und Existenzbedingungen für die Zeit zwischen 1200 und 1500 in Umrissen skizzieren lässt. Dabei war es nicht nur der Adel, der mit seinen weiblichen Vertreterinnen die Überlieferung dominiert. Die vornehmen Damen lassen sich zwar von der Landesherrin über die Geliebte des Kaisers, der Frau des Stadtherrn bis zur niederadeligen Ehefrau und Witwe in vielfältigen Zusammenhängen nachweisen, doch war die Überlieferung keineswegs auf sie beschränkt. Es waren aber auch nicht nur geistliche Frauen, Nonnen und Beginen, die einem ansonsten begegneten. Diese fanden sich zwar als Garanten der ewigen Fürbitte für das Seelenheil der Stifterinnen und Stifter, aber auch als Unternehmerinnen, die beispielsweise den Bettel auf Beteiligungsbasis organisierten, oder als Empfängerinnen von Stiftungen mit ausgeklügelten Spendenkontingenten. Auch in die Innenwelt ihrer Konvente, in die nach außen geschlossene Klausur, waren Blicke möglich. Hier stieß man wie im Falle von Weiler und Pfullingen auf Orte der Andacht und des Gottesdienstes, fußend auf europäischen Vorbildern und Verbindungen, unter strikter Einhaltung des Armutsgebots durch eine von Hause aus sozial privilegierte Schicht von Nonnen. Aber man entdeckte auch arme Beginen, die auf das Einwerben von Almosen angewiesen waren und die den Bettel organisierten und delegierten. Ferner begegneten einem weibliche Heilige wie Maria, Katharina oder Helena in ihrer Vorbild- und Heilsfunktion sowie Räume des Rechts und des Glaubens, die auch innerhalb des Klosters immer Verbindungen zur Außenwelt aufwiesen. Nicht nur die dabei kennengelernten Urkunden, sondern besonders Handschriften, Altar- und Andachtsbilder erlaubten sowohl Einblicke in die Frömmigkeitspraxis wie auch Aussagen über ihre Mittlerfunktion sowohl zwischen Kloster und Außenwelt als auch zwischen einer Generation und der nächsten. Gleichzeitig erlaubten Altarbilder Einblicke in Mentalitäten, die nicht nur Nonnen betrafen, sondern auch weltliche Frauen und ihre Männer.

Neben den sowohl in der Quellenüberlieferung wie in ihrer gesellschaftlichen Position privilegierten Gruppen fanden sich aber auch die »normalen« Frauen. Vielleicht waren die hier erwähnten nicht ganz der Durchschnitt, da sie über Eigentum verfügten und damit in der Überlieferung sichtbar wurden. Es waren die Besitzerinnen von Weinbergen und Äckern, die sie verkauften, Einkünfte aus ihnen erzielten oder mit ihnen Handel oder Kreditwirtschaft betrieben. Gerade hier zeigt sich ein Forschungspotential, das unter dem Paradigma der unterdrückten oder zumindest unsichtbaren »Frau des Mittelalters« bislang überhaupt noch nicht angemessen wahrgenommen, geschweige denn erforscht worden ist. An Winnenden und »seinen Frauen«, gemeint in einem sehr weiten Sinne, sowie an deren Kontakten ließen sich europaweite Verbindungen aufzeigen, die sowohl an den Kaiser- bzw. sizilischen Königshof, den französischen Königshof, als auch an den burgundischen Herzogshof und den Hof des »guten Königs« René ins ferne Aix-en-Provence reichten. Gleichzeitig wurde deutlich, wie gründlich die Reformation und der Protestantismus in Württemberg bis in die jüngste Zeit die Erinnerung an das (katholische) Mittelalter getilgt oder nur sehr segmentär bewahrt haben. Auch die mittelalterlichen Frauen zählten bislang zu ihren Opfern.

SCHRIFTLICHE UND BILDLICHE QUELLEN

Darmstadt, Hess. Landesmuseum, Inv.-Nr. GK-7-D, Leihgabe aus Privatbesitz.

DIEHL, Adolf (Bearb.): Urkundenbuch der Stadt Esslingen, Bd. 1 (Württembergische Geschichtsquellen, Bd. 4), Stuttgart 1899.

Limoges, Bibliothèque Municipale, ms. 2, fol. 170v, URL: http://www.bm-limoges.fr/graduel/ms/index.html (10. 01. 2015).

MÜLLER, Karl Ott (Bearb.): Altwürttembergische Urbare aus der Zeit Graf Eberhards des Greiners (1344–1392) (Württembergische Geschichtsquellen, Bd. 23), Stuttgart 1934.

Paris, Musée des Arts décoratifs. Inv.-Nr. 21121, URL: http://www.photo.rmn.fr/archive/00-014378-2C6NU0V9S0U1.html (10. 01. 2015).

Rottenburg, Diözesanmuseum, Inv.-Nr. 2.24-27.

Stuttgart, Württembergisches Landesmuseum (WLM), WLM 5258; WLM 1925-81; WLM 13721, 13722, URL: http://www.museum-digital.de/bawue/index.php?t=objekt&oges=17 (15. 01. 2015); WLM 14362; WLM 14499, URL: http://www.museum-digital.de/bawue/index.php?t=objekt&oges=19 (15. 01. 2015).

Württembergische Regesten (1301–1500) (WR) URL: http://www.landesarchiv-bw.de/web/49494 (10. 01. 2015).

Württembergisches Urkundenbuch (WUB) URL: http://www.wubonline.de/ (10. 01. 2015).

LITERATUR

Auge, Oliver: Stuttgart, Kollegiatstift, in: Wolfgang Zimmermann, Nicole Priesching (Hgg.): Württembergisches Klosterbuch. Klöster, Stifte und Ordensgemeinschaften von den Anfängen bis zur Gegenwart, Ostfildern 2003, S. 464–467.

Fritz, Gerhard: Winnenden im Mittelalter im Rahmen hochadliger Machtpolitik von den Anfängen im 9. Jahrhundert bis ins 14. Jahrhundert, in: Sabine Beate Reustle (Hg.): Vom Kampf der Geschlechter zum Krieg der Nationen (Winnenden Gestern und heute 12), Ubstadt-Weiher 2009, S. 7–55.

Lorenz, Sönke, Mertens, Dieter, Press, Volker (Hgg.): Das Haus Württemberg. Ein biographisches Lexikon, Stuttgart 1997.

Lütke, Dietmar (Hg.): Spätmittelalter am Oberrhein. Maler und Werkstätten, Stuttgart 2001, Nr. 23, S. 87 (Abb. 23a und b: Oberrheinischer Meister, Zwei Tafeln eines Katharinenzyklus, um 1440); Nr. 45, S. 121–123 (Abb. 45b: Basler Meister, Das Geburtswunder des Heiligen Petrus Martyr, um 1470); Nr. 141, S. 253f. (Abb. 141: Oberrheinischer Meister, Die Geburt Mariens, um 1460/65).

Müller, Catherine M.: Marie de Clèves, poétesse et mécène du XVe siècle, in: Moyen français 48 (2001), S. 57–76.

Nolte, Cordula: Frauen und Männer in der Gesellschaft des Mittelalters, Darmstadt 2011.

Rader, Olaf B.: Friedrich II. Der Sizilianer auf dem Kaiserthron. Eine Biographie, München 2010.

Raff-Schinko, Christine Margarete: Das altwürttembergische Urbar von Stadt und Amt Asperg. Exemplarische Studien spätmittelalterlicher Lagerbücher, Tübingen 2011, URL: http://nbn-resolving.de/urn:nbn:de:bsz:21-opus-56410 (10. 01. 2015).

Reustle, Sabine: Winnenden, Franziskaner-Tertiarinnen, in: Wolfgang Zimmermann, Nicole Priesching (Hgg.): Württembergisches Klosterbuch. Klöster, Stifte und Ordensgemeinschaften von den Anfängen bis zur Gegenwart, Ostfildern 2003, S. 516.

Schwarz, Thomas: Moriskentanz um ein Standbild. Querelen um Marktbrunnen, in: Stuttgarter Zeitung, 13. August 2013, URL: http://www.stuttgarter-zeitung.de/inhalt.querelen-um-marktbrunnen-moriskentanz-um-ein-standbild.134c404f-1833-488a-9bfe-504de4a106bd.html (10. 01. 2015).

Waibel, Raimund: Pfullingen, Klarissen, in: Wolfgang Zimmermann, Nicole Priesching (Hgg.): Württembergisches Klosterbuch. Klöster, Stifte und Ordensgemeinschaften von den Anfängen bis zur Gegenwart, Ostfildern 2003, S. 383f.

Wehrli-Johns, Martina: Weiler, Dominikanerinnen, in: Wolfgang Zimmermann, Nicole Priesching (Hgg.): Württembergisches Klosterbuch. Klöster, Stifte und Ordensgemeinschaften von den Anfängen bis zur Gegenwart, Ostfildern 2003, S. 505f.

WEISS, Dieter: Winnenden, Deutscher Orden, in: Wolfgang ZIMMERMANN, Nicole PRIESCHING (Hgg.): Württembergisches Klosterbuch. Klöster, Stifte und Ordensgemeinschaften von den Anfängen bis zur Gegenwart, Ostfildern 2003, S. 515f.

WIDDER, Ellen: Skandalgeschichten oder Forschungsdesiderate? Illegitime Verbindungen im Spätmittelalter aus geschichtswissenschaftlicher Perspektive, in: Andreas TACKE (Hg.): »... wir wollen der Liebe Raum geben«. Konkubinate geistlicher und weltlicher Fürsten um 1500, Göttingen 2006 (Schriftenreihe der Stiftung Moritzburg, Bd. 3), S. 38–92.

ZIMMERMANN, Wolfgang, PRIESCHING, Nicole (Hgg.): Württembergisches Klosterbuch. Klöster, Stifte und Ordensgemeinschaften von den Anfängen bis zur Gegenwart, Ostfildern 2003.

Geistliche Frauen – mächtige Frauen?
Die Äbtissinnen von Buchau im Mittelalter und in der Frühen Neuzeit

Von Sabine Klapp

Einleitung

Alle zwei Jahre findet im oberschwäbischen Städtchen Bad Buchau am Federsee das sogenannte Adelindisfest statt. Dabei handelt es sich um ein Heimatfest, dessen Höhepunkt ein historischer Festumzug bildet, an dem regelmäßig weit mehr als 1.000 Mitwirkende teilnehmen. Das Fest erinnert, so die Webseite der Stadt Bad Buchau, an »Adelindis, die schwäbische Volksheilige und große Wohltäterin des Federseegebietes«. Bei dieser »schwäbischen Volksheiligen« handelt es sich um eine quellenmäßig nur schwer greifbare Äbtissin des späteren Damenstifts Buchau, die um das Jahr 900 lebte. Nachdem sich Stadt und Stift Buchau über viele Jahrhunderte alles andere als wohlgesonnen gegenübergestanden hatten, ist man heute stolz auf das Stift und seine Äbtissinnen und hat diesen Schatz auch für die touristische Vermarktung entdeckt. So können Sie in Bad Buchau in der Adelindis-Therme entspannen, die von der Adelindis-Quelle gespeist wird.

Bei dem Stift Buchau, dem Adelindis' Familie reiche Schenkungen machte, handelte es sich im späten Mittelalter und in der frühen Neuzeit um ein sogenanntes freiweltliches Frauen- bzw. Damenstift. Darin lebten geistliche Frauen, die nicht Nonnen, sondern Kanonissen bzw. Kanonikerinnen (*canonicae*) genannt wurden. Frauenstifte wie Buchau, das in der Diözese Konstanz lag, wiesen im Vergleich zu Klöstern Besonderheiten und spezifische Freiheiten auf: Die Stifte verfügten über reiche Besitzungen und zahlreiche Herrschaftsrechte. Was ihren Status angeht, bewegten sich die Stifte zwischen Kirche und Welt, waren einerseits kirchlichen Regeln unterworfen und in deren Hierarchien integriert, andererseits pflegten die Frauen einen exklusiv adligen Lebensstil und waren fest in adlige Netzwerke und Strukturen eingebunden. Diese Stellung verdeutlicht ein Detail des Deckenfreskos der Buchauer Stiftskirche aus dem 18. Jahrhundert (Abb. 1). Der geistliche Stand der Frauen sowie ihre Zugehörigkeit zum Stift werden durch die schwarze, einheitliche Kleidung sowie das Tragen eines Ordens und einer hellblauen Schärpe demonstriert. Zugleich präsentieren sich die Kanonissen in der aktuellen, dem adligen Stand angemessenen Mode ihrer Zeit, die aus kostbarsten Stoffen hergestellt und aufwändig verarbeitet ihre Signalwirkung auf die Zeitgenossen nicht verfehlt haben dürfte.

Die Leitung eines Frauenstifts lag in den Händen einer Äbtissin, die auf dem Deckenfresko den anderen Damen voransteht: Sie war im Mittelalter Grund- und Lehnsherrin und übte als solche auch Gerichtsrechte aus, sie war verantwortlich für die Verwaltung und die Finanzen der Gemeinschaft. Die Äbtissin hatte dafür zu sorgen, dass die Gottesdienste regelmäßig gehalten wurden; die Stiftsgeistlichen sowie Amtleute und Bedienstete schuldeten ihr Gehorsam. Die Würde ihres Amtes verdeutlicht die Fürstäbtissin Maximiliane von Stadion auf dem Deckenfres-

Abb. 1: Die letzte Fürstäbtissin Maximiliane von Stadion mit Stiftsdamen, Wappen und Ansicht der Stiftsanlage.

ko durch ihre majestätische Haltung und selbstbewusste Ausstrahlung. Die Position ihrer Hände kann man interpretieren als Verweis auf Himmel und Erde, auf *spiritualia et temporalia*, geistliche Gewalt und weltliche Herrschaft, die die Äbtissinnen für sich beanspruchten. Die in meinem Vortragstitel gestellte Frage: *Geistliche Frauen – mächtige Frauen?* kann an dieser Stelle somit vorläufig mit »Ja« beantwortet werden: Es gab kaum ein anderes Amt, das mittelalterlichen oder frühneuzeitlichen Frauen vergleichbare Handlungsmöglichkeiten eröffnete und das zugleich so umstritten war.

Im Folgenden möchte ich 1) die Institution »Frauenstift« genauer vorstellen und die Charakteristika und die Besonderheiten dieser Lebensform vor Augen führen. 2) sollen die Äbtissinnen selbst im Mittelpunkt stehen, wobei ich vor allem die soziale Herkunft der Frauen aufzeigen sowie ihren Weg in das Amt nachzeichnen möchte. Im Anschluss daran sollen 3) die geistlichen und weltlichen Herrschaftsbereiche der Buchauer Äbtissin im Mittelpunkt stehen. Abschließend möchte ich 4) der Frage nachgehen, welche tatsächlichen Handlungsspielräume einzelne Äbtissinnen hatten und durch welche Strukturen und Institutionen ihre Handlungsmöglichkeiten begrenzt wurden. Zeitlich möchte ich mich dabei vor allem auf das Mittelalter konzentrieren, wobei ich immer wieder Ausblicke auf das 16. und 17. Jahrhundert geben möchte. Die folgenden Ausführungen stützen sich dabei vor allem auf die Forschungsergebnisse von Bernhard Theil zu Buchau sowie das von Rudolf Seigel herausgegebene Urkundenbuch des Stifts.

Frauenstifte als weibliche Lebensräume: Das Beispiel Buchau

Frauenstifte waren ein im Mittelalter vor allem – aber nicht nur – auf den deutschen Sprachraum beschränktes Phänomen. Zentrale Vertreter sind die vielleicht bekanntesten und von der Forschung bislang am stärksten wahrgenommenen hochadligen sächsischen bzw. rheinischen Stifte wie Quedlinburg, Essen, Herford und Gandersheim.

Die Gründung von Buchau wird um das Jahr 770 angesetzt, fast zeitgleich mit Lindau sowie Hohenburg auf dem Odilienberg, die im frühen Mittelalter einer »alemannischen Frauenklosterlandschaft« (Hedwig Röckelein) zuzuordnen sind, die weit über die Grenzen des heutigen Baden-Württembergs hinausging. Die meisten dieser Frauengemeinschaften wurden – wie auch Buchau – von regionalen Herzogs- oder Grafenfamilien gegründet, die die späteren Stifte reich ausstatteten. Die Stifterfamilien setzten die ersten Äbtissinnen ein und wurden teilweise in ihren Gründungen bestattet. Aus diesen Gründungsumständen ergibt sich die zentrale Aufgabe der meisten Frauenstifte, nämlich dafür zu sorgen, dass der Familien der Gründer und frühen Wohltäter gedacht wurde. In Buchau können wir diese Verbindung, wenn auch in anderer Form, im Rahmen des Adelindisfestes letztlich bis heute greifen. Diese frühen Frauenkommunitäten, denen auch Säckingen und Zürich zuzuordnen sind, spielten eine wichtige Rolle bei der »politischen Integration Alemanniens in das Frankenreich«(Röckelein, Frauengemeinschaften, S. 29). Davon zeugen zahlreiche Schenkungen und Privilegierungen durch die Karolinger. Eine Urkunde Ludwigs des Frommen aus dem Jahr 819, in der Buchau unter anderem die freie Äbtissinnenwahl zugestanden wird, konnte als Fälschung des 12. Jahrhunderts entlarvt werden, wurde jedoch bis zur Aufhebung des Stifts als zentrales Verfassungsdokument präsentiert, wie wir auf einem anderen Detail des Deckenfreskos sehen können. Aus einer authentischen Urkunde von 857 wird deutlich, dass eine Tochter Ludwigs des Deutschen namens Irmingard als Äbtissin von Buchau amtierte.

In meinem kurzen historischen Überblick ist bislang mal von späteren Stiften, mal von Klöstern und an anderer Stelle von Gemeinschaften oder Kommunitäten die Rede. Die Scheu, mich begrifflich festzulegen und Buchau sowie andere Frauengemeinschaften des frühen Mittelalters als »Frauenstift« zu bezeichnen, hat einen Grund: Wir wissen nicht, welchen Status oder welche Lebensform die Frauen in Buchau, Lindau oder Säckingen im frühen Mittelalter aufwiesen: Waren sie Nonnen, also Benediktinerinnen, oder Kanonissen, also Stiftsfrauen? Eine solche Unterscheidung kann, wenn überhaupt, frühestens seit dem 9. Jahrhundert getroffen werden. Als zentraler Entwicklungsschritt der Frauenstifte gilt die Aachener Synode von 816. In Anlehnung an eine Regel für Kanoniker wurde mit der sogenannten *Institutio Sanctimonialium* eine Regel für weibliche Religiose erlassen, die ein Leben außerhalb der *Regula Benedicti* und der *vita monastica* führten. Die Sanktimonialen, also die späteren Kanonissen, hatten als geistliche Frauen zahlreiche Gebetsverpflichtungen und mussten die Klausur beachten. Im Gegensatz zu Nonnen mussten sie jedoch keine Gelübde ablegen, durften über eigenen Besitz verfügen und Dienerinnen beschäftigen. Ob und wie die »Institutio« in den folgenden Jahrhunderten umgesetzt wurde, entzieht sich unserer Kenntnis. Wahrscheinlich diente sie eher als Orientierungsrahmen, neben dem sich in den Frauengemeinschaften spezifische regionale Gewohnheiten etablierten. Auch was Buchau angeht, betreten wir erst im späten Mittelalter sicheren Boden. Ein Blick auf die Selbst- und Fremdbezeichnung der Gemeinschaft hilft dabei nur bedingt weiter – ein Befund, den Buchau mit allen anderen südwestdeutschen Frauenstiften teilt. In einer Bulle Gregors X. von 1274 wird Buchau dem Augustinerorden zugeordnet, 1346 findet sich in einer Seelgerätstiftung erstmals die Bezeichnung »weltliche Kanonissen«. 1379 wird das Stift vom Konstanzer Bischof Heinrich von Brandis gar als Benediktinerinnenkloster bezeichnet. Ab dem 15. Jahrhundert setzt sich die Bezeichnung *ecclesie secularis* (»weltliche Kirche«) oder auch »Stift freien Ordens« schließlich durch. Klarheit bringt eine für die Verfassung des Stifts zentrale Bulle von Martin V. aus dem Jahr 1417, die Buchau deutlich als Frauenstift erscheinen lässt. Darin bestätigte der Papst die Verfassung der *ecclesie secularis* von Buchau. Demnach sei das Stift für zwölf Kanonissen und vier weltliche Chorherren sowie zwei Kapläne gegründet worden, die in Buchau gemeinsam den Gottesdienst feiern sollten. Wir können hier ein weiteres Charakteristikum eines Frauenstifts greifen: Den Stiften waren kleine Gemeinschaften von Kanonikern angeschlossen, die wichtige liturgische und seelsorgerische Funktionen übernahmen und häufig wie in Buchau als Pfarrer in zugehörigen Pfarrkirchen fungierten. Die Kanoniker lebten räumlich getrennt von den Frauen in eigenen Häusern in der Nähe des Stifts.

Kanonissen wie Kanoniker waren bepfründet, das heißt, dass jede Person eine Art regelmäßiges Einkommen erhielt. Über diese Pfründe konnten die geistlichen Frauen und Männer frei verfügen. Zu diesem Einkommen kamen Zuwendungen der Familie, die bei jeder Frau unterschiedlich hoch ausfallen konnten. Deutlich wird dies zum Beispiel in einer Urkunde des Jahres 1408. Aus dem Dokument erfahren wir, dass die Kanonisse Elsa von Rüssegg ihre Verwandte Nesa von Tengen, die ebenfalls in Buchau bepfründet war, als ihre Erbin einsetzte. Sie vermachte ihr unter anderem Korn, Wein, Silbergeschirr, Kleinodien sowie

Bargeld und wies dabei daraufhin, dass Nesa darüber »nach ihrem Gewissen« frei verfügen könne, wie es in Buchau üblich sei. Von ihren Einkünften stellten Kanonissen wie Kanoniker Bedienstete an. In einer Ordnung von 1501 heißt es, dass jede Kanonisse eine Kammerjungfrau haben dürfe. Die zwölf Chorfrauenpfründen waren übrigens im späten Mittelalter und in der frühen Neuzeit nur selten vollständig besetzt: 1426 lassen sich laut Theil nur drei Kanonissen, jedoch vier Kanoniker greifen, 1501 konnten sechs Chorfrauenpfründen finanziert werden. Gemeinsam mit den Kanonikern bildeten die geistlichen Frauen das sogenannte Kapitel, das die Äbtissin wählte und wichtige Entscheidungen, etwa mit Blick auf die Verwaltung des Stifts, gemeinsam mit der Äbtissin traf.

Über die soziale Zusammensetzung der Buchauer Frauengemeinschaft liegen erst ab dem späten Mittelalter Quellen vor. Sie verdeutlichen, dass die Kanonissen aus bedeutenden schwäbischen Adelshäusern wie den von Werdenberg, von Fürstenberg oder von Montfort stammten. Die hochadlige Herkunft der Frauen war neben einem unbescholtenen Lebenswandel eine Grundvoraussetzung für die Aufnahme in das Stift. In der frühen Neuzeit wurden von den Frauen sogenannte Ahnenproben verlangt, ab dem 18. Jahrhundert mussten mindestens 16 adlige Vorfahren nachgewiesen werden. Buchau war dabei gewiss elitär, in die noch exklusiveren Stifte wie Essen oder Thorn wären einige der Buchauer Kanonissen laut Ute Küppers-Braun jedoch nicht aufgenommen worden. Maria Franziska Truchsess von Waldburg-Zeil-Wurzach, die 1692/1693 für kurze Zeit Äbtissin von Buchau war und deren Ahnenprobe in der Abbildung zu sehen ist (Abb. 2), kannte dieses Problem nicht: Sie hatte 1648, im Alter von 18 Jahren, Zusagen in Essen, St. Ursula in Köln und Buchau erhalten. Sie nahm sowohl die Pfründen in Essen als auch in Buchau in Besitz und gehörte als »nichtresidierende Kanonikerin« der Buchauer Gemeinschaft an. Adlige Kanoniker gab es im Übrigen nur vereinzelt; die Herren standen somit ständisch gesehen unter den Chorfrauen.

Die Kanonissen beachteten nur milde Klausurvorschriften und durften mit Erlaubnis der Äbtissin das Stift verlassen sowie Gäste empfangen. So durften sie in der Regel mehrere Wochen im Jahr Verwandte besuchen. Sie lebten im späten Mittelalter zumindest teilweise in eigenen Häusern. 1501 wurden die Wohnverhältnisse neu geordnet: Die Kanonissen zogen in ein gemein-

Abb. 2: Probation der Maria Franziska Truchsess von Waldburg-Zeil-Wurzach.

sames Gebäude, in dem jeder von ihnen eine eigene Wohnung zur Verfügung gestellt wurde. Jede Frau führte also ihren eigenen Haushalt. Anders als in Nonnenklöstern gab es in Frauenstiften auch keine strengen Kleidungsvorschriften: Außerhalb der Gebetszeiten kleideten sich die Frauen nach der neuesten Mode und gemäß ihres adligen Standes. Während der Gebetszeiten und Gottesdienste hüllten sich die Frauen in eine einheitliche, in Buchau wohl schwarze Kleidung, deren genaues Aussehen wir im Mittelalter nicht kennen. Typisch für weltliche Chorfrauen, legten die Buchauer Kanonissen keine Gelübde ab und konnten wieder aus der Stiftsgemeinschaft austreten, um zu heiraten, was laut Bernhard Theil jedoch nur vereinzelt vorkam. Alles andere als zufrieden mit der Partnerwahl ihrer Tochter dürfte die Familie der Ursula von Sax gewesen sein, die 1429 als Kanonisse greifbar ist. 1431 treffen wir sie als Ehefrau eines Buchauer Bürgers wieder, die mit dem Stift Buchau über die Auszahlung ihrer Pfründe stritt. 1748 wurde bekannt, dass eine Kanonisse aus dem Hause Fugger von Boos einen Liebhaber hatte und mit diesem nach Italien fliehen wollte. Sie wurde laut Theil zunächst zu den Jesuiten nach Landsberg geschickt und heiratete wenige Jahre später, allerdings einen anderen Mann, den ihre Familie für sie ausgesucht hatte.

Man kann sich leicht vorstellen, dass die vergleichsweise freie, in vielen Belangen weltlich anmutende Lebensform der

Stiftsfrauen nicht unwidersprochen geblieben ist. Auf der Lateransynode 1059 wurde die »Institutio sanctimonialium« für nichtig erklärt und die Lebensweise der Kanonissen verboten. Im Verlauf der kommenden Jahrhunderte wurden sie immer wieder aufgefordert, ihre Standesprivilegien aufzugeben und eine Ordensregel anzunehmen. Ein zentraler Kritikpunkt war dabei neben dem fehlenden Gelübde und dem Eigenbesitz die nur in Ansätzen vorhandene Klausur, deren strenge und ausnahmslose Einhaltung durch die Bulle »Pericoloso« von 1298 von allen geistlichen Frauen eingefordert wurde. Während diverse Frauenstifte im Verlauf des Mittelalters in Klöster umgewandelt oder aufgehoben wurden, behielt Buchau seine freiweltliche Stellung bis zu seiner Aufhebung im Jahr 1803. Einige Damenstifte haben als fester Bestandteil der adligen Lebenswelt gar bis heute überdauert, zum Beispiel das zu Beginn des 18. Jahrhunderts gegründete evangelische adlige Kraichgauer Damenstift oder das seit dem 9. Jahrhundert bestehende, ebenfalls evangelische Frauenstift Bassum, dem mit Isabell von Kameke nach wie vor eine adlige Äbtissin vorsteht.

Die Äbtissinnen von Buchau: Amtserwerb und soziale Herkunft

Damit sind wir bei den Hauptpersonen meiner Ausführungen angelangt: Äbtissinnen wie Klara von Montfort oder Maria Karolina von Königsegg (Abb. 3; Abb. 4; Abb. 5) repräsentierten die Stifte nach außen und übten, wie bereits erwähnt, geistliche und weltliche Herrschaftsrechte aus. Für ihr Amt wurden sie mit einer einträglichen Pfründe ausgestattet, die ihnen einen standesgemäßen Lebensstil ermöglichte. Hinzu kamen weitere Einkünfte sowie individuelle Zuwendungen oder Erbschaften ihrer Herkunftsfamilien. Über ihr selbst gekauftes oder ererbtes Eigentum durfte die Äbtissin selbstverständlich frei verfügen. Das vom Stift zur Verfügung gestellte Einkommen mussten die Äbtissinnen hingegen für das Versehen ihrer Amtsgeschäfte verwenden.

Die Buchauer Äbtissinnen verfügten über einen eigenen Herrschaftssitz im Stiftsbezirk, der 1229 erstmals als *»palatio nostro«*, also als Pfalz, greifbar ist. Diese – heute nicht mehr existierende – Pfalz war zum einen Regierungs- und Gerichtssitz, zum anderen diente sie, so Helmut Maurer, als repräsentative Woh-

Abb. 3: Klara von Montfort.

nung. 1445 wird eine »*domus nove*« der Äbtissin genannt, also ein Neubau.

Die Äbtissin wurde aus dem Kreis der bepfründeten Kanonissen durch das Stiftskapitel gewählt; eine der Voraussetzungen war also die Zugehörigkeit zum Stiftskapitel. Die ständischen Voraussetzungen brachten die Äbtissinnen mit, sonst hätten sie ja gar keine Pfründe in Buchau erhalten können. Ständisch gesehen fügten sie sich also in das Herkunftsmuster der Kanonissen ein. Wie ein Blick auf die Buchauer Äbtissinnen vom 15. bis zum 17. Jahrhundert zeigt, dominierten die Grafen von Montfort sowie die mit ihnen verwandten Grafen von Werdenberg das Frauenstift. Beide Familien verfügten über ausgedehnte Besitzungen und Herrschaftsrechte in Vorarlberg sowie Oberschwaben, die fast bis an das Stift heranreichten. Bezieht man die Abstammung mütterlicherseits mit ein, so muss der Einfluss der Grafen von Montfort noch höher angesetzt werden. Die hochadligen Herren von Gundelfingen, aus deren Familie zwei bzw. drei Äbtissinnen stammten, bekleideten im 15. Jahrhundert hohe Positionen am württembergischen Hof. Zu dieser Zeit residierten sie im Dorf Neufra an der Donau, wo Äbtissin Klara von Montfort einen Hof besaß. Mehrere enge Verwandte der hier aufgeführten Äbtissinnen bekleideten zeitgleich hohe kirchliche Würden, so amtierte ein Verwandter Anna von Gundelfingens als Abt von

Abb. 4: Fürstäbtissin Maria Karolina Gräfin von Königsegg-Rothenfels (1742–1774), postumes Porträt um 1775/80, Andreas Brugger zugeschrieben.

1371–1402:	Anna von Rüssegg (Schweizer Familie)
[1402]–1410:	Anna von Gundelfingen
1410–1426:	Agnes von Tengen (Hegauer Familie)
1426–1449:	Klara von Montfort (Stiefvater von Gundelfingen)
1449–1496:	Margarete von Werdenberg (Mutter von Württemberg)
1497:	Anna von Werdenberg (Schwester Margaretes)
1497–1523:	Barbara von Gundelfingen
1523–1540:	Elisabeth von Hohengeroldseck (Mutter v. Montfort)
1540–1556:	Margarete von Montfort
1556–1594:	Maria Jacoba v. Schwarzenberg (Mutter v. Montfort)
1594–1610:	Eleonore von Montfort
1610–1650:	Katharina von Spaur, Pflumb und Valor (Tiroler Familie)
1650–1669:	Franziska von Montfort
Nach: SEIGEL, Rudolf u.a. (Bearb.): Die Urkunden des Stifts Buchau. Regesten 819–1500 (Inventare der nichtstaatlichen Archive in Baden-Württemberg, Bd. 36), Stuttgart 2009, S. 17–18.	

Abb. 5: Tafel der Äbtissinnen von Buchau.

St. Gallen, der Bruder Margaretas und Annas von Werdenberg, Johannes, war Bischof von Augsburg. Die Söhne und Töchter der genannten Familien erscheinen somit als Teil von Familienstrategien, die darauf abzielten, neben der weltlichen Herrschaft auch hohe geistliche Würden in der Region zu besetzen. Wie wir an der Wahl Katharina von Spaurs sehen können, die einer Tiroler Familie entstammte, wird das Herkunftsgebiet der Äbtissinnen spätestens seit dem 17. Jahrhundert heterogener – ein Phänomen, das bei der Besetzung der Kanonissenpfründen schon seit dem 16. Jahrhundert zu greifen ist.

In der Theorie handelte es sich also um eine freie Wahl der Äbtissin durch das Stiftskapitel. In der Praxis waren die Umstände freilich komplizierter. Schauen wir uns die Wahl Margareta von Werdenbergs genauer an, so lassen sich mehrere Ebenen der Einflussnahme greifen. Im April 1449 ließ die schwer kranke Klara von Montfort eine Urkunde aufsetzen. Die Äbtissin wusste, dass sie nicht mehr lange zu leben hatte, resignierte von ihrem Amt und regelte unter anderem ihre Nachfolge. Nach ihrem Tod, so das Dokument, könne nur dann Schaden von ihrem Konvent abgewendet werden, wenn Margareta von Werdenberg als Äbtissin eingesetzt werde. Dabei wies die noch amtierende Äbtissin unter anderem auf die Klugheit Margaretas hin – eine der wenigen Quellen, in der bestimmte Kenntnisse oder Fähigkeiten einer Bewerberin herausgehoben werden. Margareta war jedoch noch ein Kind, gerade zwölf Jahre alt. Das kanonische Mindestalter für eine Äbtissin lag indes bei 30 Jahren, weshalb das Buchauer Kapitel den Papst um eine Dispens, also um die Befreiung von diesem Gebot, bat. Noch bevor die Dispens erteilt wurde, wählte das Kapitel Margareta zur Äbtissin. Um das Mädchen einsetzen zu können, wurden Bescheinigungen über »*die adelige Abstammung, den reinen Lebenswandel, die Ehrbarkeit der Sitten und die anderen vielfältigen Tugenden der Margareta*« eingeholt. Zudem setzten sich der Bischof von Konstanz, die Stadt Ulm sowie die Grafen von Württemberg, mit denen Margareta verwandt war, für die künftige Äbtissin ein. Die Wahl einer so einflussreichen Äbtissin wie der Buchauer, die, wie die Auflistung der Äbtissinnen verdeutlicht, ihr Amt bisweilen mehrere Jahrzehnte ausübte, war also immer auch ein Politikum. Da die Kanonissen Verwandte oder andere Gäste empfangen durften und mit diesen brieflich korrespondierten oder selbst längere Zeit im Jahr an Adelshöfen verbrachten, ist hier auch von einer direkten Einflussnahme auf die Wählerinnen auszugehen.

Welche Schritte auf dem Weg in das Amt nötig waren, verrät uns ein Protokoll, das anlässlich der Wahl der Anna von Rüßegg im Jahr 1371 angefertigt wurde. An ihrer Wahl nahmen drei Chorherren und drei Chorfrauen teil – darunter Anna selbst und ihre enge Verwandte Elisabeth von Rüßegg. Wir können hier das häufige Phänomen greifen, dass Tanten und Nichten oder leibliche Schwestern gleichzeitig in dem Frauenstift bepfründet waren, was die Chance, das eine von ihnen zur Äbtissin gewählt wurde, natürlich erhöhen konnte. Die Stimmen der Kanoniker und Kanonissen wurden hinter dem Altar entgegengenommen. Die Wahl, die von hohen geistlichen und weltlichen Würdenträgern bezeugt wurde, fiel einstimmig auf Anna von Rüßegg. Anschließend wurde die Äbtissin von den Chorherren zu ihrem Chorstuhl geführt. Aus dem Wahlprotokoll der Agnes von Tengen erfahren wir, dass die Äbtissin nach der Wahl zunächst auf den Altar gesetzt wurde – ein Ritual, das zunächst bei Papst- später auch bei Königs- und Bischofswahlen ausgeführt wurde und sich auch in anderen Frauenstiften greifen lässt. Damit ging eine sichtbare Elevation, also eine Erhebung der gewählten Person, einher, mit der Nähe zu den im Altar befindlichen Reliquien wurde zugleich die Legitimität der Wahl sowie der gewählten Person erhöht. Durch die Altarsetzung und die Inbesitznahme des Äbtissinnenstuhls war der Prozess der Amtsübertragung indes noch nicht abgeschlossen. Das Wahlergebnis wurde zunächst dem Bischof von Konstanz angezeigt, der vom Stiftskapitel um die Einsetzung der Äbtissin gebeten wurde. Am Hof des Konstanzer Bischofs wurde die Wahl zunächst auf ihre Rechtmäßigkeit hin überprüft, zudem wurde eine Frist eingeräumt, in der Einwände gegen die *electa* erhoben werden konnten. Stellte der Bischof fest, dass alles mit rechten Dingen zugegangen war, bestätigte er die Äbtissin und nahm ihren Treueeid entgegen, erst dann konnte sie ihre Amtsgeschäfte aufnehmen. Die Buchauer Äbtissinnen scheinen zudem, im Gegensatz zu den Äbtissinnen von Essen, Herford oder Andlau, regelmäßig geweiht worden zu sein. Sie konnten somit nicht mehr von ihrem Amt resignieren, um zu heiraten, ein Punkt, in dem sie sich nun von den anderen Kanonissen unterschieden.

Der Weg in das Äbtissinnenamt erscheint somit als komplexer Prozess, der sich nicht allein auf die Wahl reduzieren lässt. Dieser Prozess enthält dabei sowohl weltliche Elemente wie die Anwesenheit von Grafen, Familienmitgliedern oder Untertanen bei der Wahl und einer sicherlich schon im Mittelalter stattfindenden Huldigung der neuen Amtsinhaberin. Zudem finden sich geistliche Elemente, denn die Wahl fand nicht nur in der Kirche statt und wurde von einem Gottesdienst flankiert, die Äbtissinnen scheinen zumindest zeitweise auf den Altar erhoben und wohl regelmäßig nach der Wahl feierlich geweiht worden zu sein. Direkt an der Wahl beteiligt waren die Stiftskapitel, indirekt lässt sich vor allem ein Einfluss der Familien der Chorfrauen greifen, ein Aspekt, den ich später noch einmal aufgreifen möchte.

Der geistliche und weltliche Herrschaftsbereich der Äbtissinnen

Durch die Wahl, die bischöfliche Bestätigung und Weihe sowie die königliche bzw. kaiserliche Belehnung, auf die später noch eingegangen werden soll, gelangten die Äbtissinnen in den vollen Besitz ihrer weltlichen und geistlichen Herrschaftsrechte. Doch worum handelte es sich dabei genau? Ein Blick auf die Besitzungen des Stifts (Abb. 6) verrät, dass es dem Stift nicht gelang, ein großes Territorium aufzubauen. Patronatsrechte und grundherrschaftliche Besitzungen, aus denen sich später teilweise Ortsherrschaften entwickelten, gingen zum Teil bis ins frühe Mittelalter zurück und lagen fast kreisförmig um das Stift verstreut. Im Laufe der Jahrhunderte gehörten dem Stift, so Theil, 17 Patronatspfarreien, darunter unter anderem Betzenweiler, Kappel sowie Mittelbiberach. Hinzu kamen noch die Stiftspfarrei sowie die vier Chorherren- und die Kaplaneipfründen in Buchau. Das Patronatsrecht beinhaltet, dass Äbtissin und Stiftskapitel über die Neubesetzung einer frei gewordenen Pfarr- oder Kanonikerstelle selbst bestimmen konnten. Es oblag ihnen also, einen geeigneten Kleriker für die Pfründe auszusuchen.

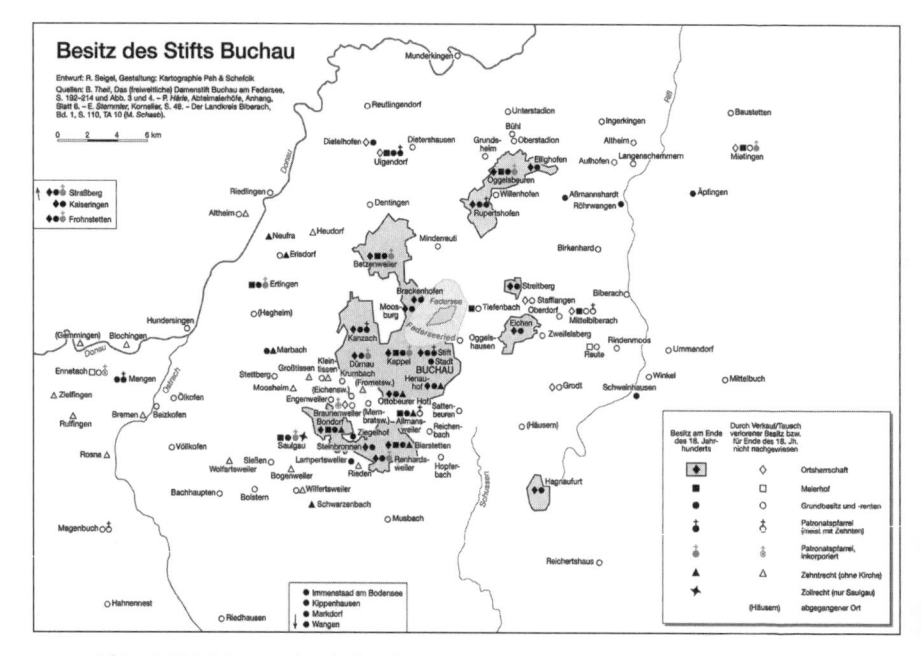

Abb. 6: Tafel Besitz des Stiftes Buchau.

Teilweise beeinflussten die Familien der Kanonissen und Äbtissinnen die Besetzung der Kanonikate; so setzte sich laut Theil ein Erhard von Gundelfingen 1428 dafür ein, dass ein Kleriker namens Peter Salzmann mit einer frei gewordenen Chorherrenpfründe versehen wurde. Die Kanoniker schuldeten der Äbtissin zudem Gehorsam und verpflichteten sich, in Buchau zu residieren und ihren Amtspflichten nachzukommen.

Da das Stift Buchau sowie seine Pfarreien in die Konstanzer Diözesanorganisation eingebunden waren, konnte die Äbtissin die Kanoniker oder Pfarrer jedoch nicht selbst einsetzen: Sie »präsentierte« die neuen Kleriker dem Bischof von Konstanz, teilte also den geeigneten Kandidaten und die vakante Pfründe rechtsverbindlich mit, und bat den Bischof, die Person zu investieren. Der Bischof oder vielmehr ein bevollmächtigter Kleriker investierte dann den neuen Pfarrer oder Kanoniker und verlieh ihm die *cura animarum*, versah ihn also mit seiner geistlichen Seelsorge- und Amtsgewalt. Die geistliche Gerichtsgewalt über die Buchauer Kleriker lag somit ebenfalls beim Konstanzer Bischof. Die Buchauer Äbtissin hatte damit geringere Kompetenzen als ihre Amtskolleginnen in Essen oder Herford. Bei diesen Frauenstiften handelte es sich um sogenannte papstunmittelbare Abteien, die exemt waren von der bischöflichen Diözesangewalt. Diese Äbtissinnen wurden nicht von den Diözesanbischöfen, sondern von der Kurie bestätigt. Sie übten zudem selbst bischöfliche Jurisdiktionsrechte, sogenannte »quasibischöfliche Rechte« aus. Da es ihnen als Frauen nach dem kanonischen Recht jedoch nicht gestattet war, etwa selbständig Priester zu weihen, übergaben die Äbtissinnen diese Aufgabe einem männlichen Kleriker, der in ihrem Namen Kanoniker investierte oder andere kirchliche Jurisdiktionsrechte wahrnahm. In den Quellen finden sich Hinweise darauf, dass die Äbtissin von Buchau auch für sich solche Rechte in Anspruch nehmen wollte, womit sie sich in Opposition zum Konstanzer Bischof brachte. Dabei ging es vor allem um die Besetzung der Buchauer Stiftspfarrei, die an eines der Buchauer Kanonikate gekoppelt war. Der »erste Kanoniker«, wie er in den Quellen genannt wird, war also zugleich der Stiftspfarrer von Buchau. So erfahren wir aus einer Urkunde des Konstanzer Bischofs aus dem Jahr 1279, dass der erste Kanoniker Bertold Greifenstein verpflichtet sei, den Anordnungen des Dekans von Saulgau Folge zu leisten und die dortigen Kapitelversammlungen zu besuchen. Der Kanoniker wurde also darauf hingewiesen, dass er dem Dekan von Saulgau unterstehe. Offenbar war dieser Punkt strittig, und er blieb es auch in der Folgezeit, wie eine Urkunde des Jahres 1428 verrät. Aus dem Dokument geht hervor, dass Äbtissin Klara von Montfort in der oberen Stube des Zisterzienserinnenklosters Heiligkreuztal nach kurzer Beratung mit ihren Chorfrauen und Chorherren dem bereits erwähnten Petrus Salzmann die erste Chorherrenpfründe verlieh. Petrus leistete der Äbtissin den Treueeid und wurde auf ihre Anordnung hin durch den Dekan von Saulgau feierlich investiert. Bei dem Dekan von Saulgau handelte es sich zu diesem Zeitpunkt praktischerweise um einen weiteren Buchauer Stiftskanoniker, es kann hier also von einer konzertierten Aktion der Äbtissin sowie des Saulgauer Dekans ausgegangen werden. Vom Konstanzer Bischof ist in diesem Zusammenhang keine Rede. Noch 1665 protestierte die Äbtissin dagegen, dass ihre Kanoniker vor dem Saulgauer Landkapitel erscheinen mussten. Die Jurisdiktionsgewalt der Äbtissin gegenüber ihren Kanonikern blieb also strittig. Ein weiterer Streitpunkt war die Strafgewalt über die Kanoniker, die die Äbtissinnen zeitweise für sich beanspruchten.

Insgesamt kann man Buchau als regionales Seelsorgezentrum bezeichnen, das maßgeblich von Frauen mitgestaltet und beeinflusst wurde: Sie hatten nicht nur die Oberaufsicht über die Verwaltung des Kirchenvermögens und die Baulasten der jeweiligen Kirchen inne, sondern wirkten aktiv an der Besetzung der Pfarr- und Kanonikerstellen mit.

Was die äußere Verfassung Buchaus angeht, sei darauf hingewiesen, dass die Äbtissin wie ihre Amtskolleginnen in Essen, Quedlinburg oder Lindau eine Reichsfürstin war. In einer Urkunde Ludwigs des Bayern wird sie 1347 erstmals als »*unsere liebe fürstin*« bezeichnet. Buchau hatte somit eine reichsunmittelbare Stellung; die Äbtissin erhielt ihre Regalien direkt vom König. Die enge Beziehung zum Reich wird durch die Übergabe der Gründungsurkunde durch Ludwig den Frommen (Abb. 7) sowie die Reichsfahne im Deckenfresko des 18. Jahrhunderts verdeutlicht. Welche Vorteile diese Position für das Stift mit sich brachte, wird zum Beispiel in einer Urkunde Maximilians I. aus dem Jahr 1495 deutlich: Er bestätigt die »Gnaden, Freiheiten und Privilegien«, die seine Vorfahren dem Frauenstift verliehen haben, und unterstreicht, dass gegen Äbtissin und Kapitel nur vor ihm selbst geklagt werden könne. Gegen die Untertanen, Amt-

Abb. 7: Ludwig der Fromme und Adelindis.

leute und Diener des Frauenstifts könne hingegen nur vor der Äbtissin oder ihren Bevollmächtigten Anklage erhoben werden. Wer die Privilegien, Rechte und Besitzungen des Stiftes missachte, müsse mit einer empfindlichen Geldstrafe rechnen, die zur Hälfte dem Reich, zur anderen Hälfte der Äbtissin zufalle. Die Regalienverleihung durch den König bzw. Kaiser erfolgte seit dem 14. Jahrhundert regelmäßig kurze Zeit nach der Wahl und Bestätigung einer neuen Äbtissin. Buchau war 1501 erstmals als Reichsstand belegt und wie Lindau wurde es 1507 erstmals in den Reichsmatrikeln geführt.

Wie die Karte verdeutlicht und Bernhard Theil herausarbeitete, waren die Buchauer Herrschaftsrechte und Besitzungen stark verstreut; in den 1470er Jahren war das Stift in nicht weniger als 65 Orten begütert oder mit Herrschaftsrechten ausgestattet. In Anlehnung an den Patron des Stifts, den Heiligen Cornelius, wurden die grundherrschaftlichen Besitzungen Corneliergüter genannt. Zahlreiche Familien übergaben sich als Personen und mit ihrem Gut dem Stift Buchau, wofür sie persönlich vor der Äbtissin erscheinen mussten und zu sogenannten »Corneliern« wurden. Zentrale Mittelpunkte der Buchauer Grundherrschaft waren die zwölf Abteimeierhöfe, auch Freihöfe genannt, die vielleicht schon zur Gründungsausstattung Buchaus gehörten. Diese Meierhöfe, bei denen es sich um große Herrenhöfe handelte, gab es unter anderem in Ertingen, Betzenweiler und Kappel. Sie standen unter der Verfügungsgewalt der Äbtissinnen, die die Höfe weiterverliehen, teilweise über Jahrhunderte an dieselben Familien. Das grundherrschaftliche Gericht, das für die Cornelier und die Corneliergüter zuständig war, wurde von den zwölf Meiern der Meierhöfe besetzt und auf der Pfalz der Äbtissin abgehalten. Äbtissin Margarete von Werdenberg ließ 1466 die Rechte der Äbtissin in der Pfalzstube ihrer Pfalz vor zahlreichen Zeugen und den zwölf Meiern klären und neu aufzeichnen. Aus dem Dokument geht hervor, dass die Äbtissin drei Mal jährlich mit zwölf Pferden die Meierhöfe besuchen und dort nach dem Rechten schauen durfte. Das Gericht der Äbtissin sollte drei Mal im Jahr in ihrer Pfalz abgehalten werden, es tritt damit an die Stelle der einzelnen Dorfgerichte. In diese Pfalz sollten übrigens auch die Naturalabgaben, die dem Stift zu entrichten waren, geliefert werden.

Die Pfalz war auch der Ort, an dem die Äbtissinnen die Buchauer Lehen vergaben. Das Stift hielt mehr als 26 Lehen, darunter die Meierhöfe oder die Vogteien über die Cornelier. Kam eine neue Äbtissin ins Amt, mussten die Lehnsmannen auf der Buchauer Pfalz erscheinen, um sich neu belehnen zu lassen. Zu den Lehen gehörten auch Burg und Stadt Strassberg, wobei es sich zunächst um eine Ministerialenburg handelte, die später an regionale Niederadlige vergeben wurde. Als der letzte Inhaber des Lehens, Georg Dietrich von Westerstetten, ohne männlichen Erben 1625 verstarb, fiel das Lehen zurück an das Stift. Nachdem entferntere Familienmitglieder versucht hatten, das Lehen an sich zu ziehen, stellte die damalige Äbtissin Katharina von Spaur eine kleine Truppe zusammen und besetzte die Stadt sowie die Burg Strassberg. Die Burg wurde schließlich zu einer Nebenresidenz der Äbtissinnen von Buchau.

Die hier nur ganz knapp angeschnittenen weltlichen Besitz- und Herrschaftsrechte brachten eine Vielfalt von Aufgaben mit sich, die vor allem verwaltungstechnischer Natur waren. Die Quellen berichten zudem immer wieder von Auseinandersetzungen um Vogteirechte oder von Abgrenzungsproblemen zwischen Stift und Stadt Buchau. Streitigkeiten zwischen Corneliern mussten ebenso geschlichtet werden wie Auseinandersetzungen über die Nutzung des Federsees oder gemeinsamer Wiesen und

Weiden. Um diesen Aufgaben nachzukommen, konnten die Äbtissinnen im Mittelalter auf verschiedene Personengruppen zurückgreifen. Immer wieder lassen sich Kanoniker als Ratgeber oder Bevollmächtigte der Äbtissin greifen. Das wichtigste Amt stellt im Mittelalter der sogenannte »Pfründamman« dar, der an der Spitze der stiftischen Güterverwaltung stand und Äbtissin und Kapitel Rechenschaft schuldete. Zudem lässt sich ab dem 15. Jahrhundert ein Schreiber nachweisen. Dass die Äbtissinnen ihre Amtsgeschäfte nicht nur delegierten, sondern auch jenseits von Lehensvergaben eine sehr aktive Rolle in der Stiftspolitik einnahmen, lässt sich an mehreren Beispielen aufzeigen. Auf Katharina von Spaur und ihren Einsatz für die Rückgewinnung der Herrschaft Strassberg wurde bereits hingewiesen. Die Äbtissinnen kümmerten sich aber auch um unbedeutendere Angelegenheiten. Als Beispiel möchte ich auf eine Urkunde aus dem Jahr 1443 verweisen, aus der hervorgeht, dass die Äbtissin in ihrer Pfalz einen Müller empfangen hatte, der alt und schwach war und wohl nicht mehr lange zu leben hatte. Wegen der zum Stift gehörenden Mühle, die der Müller innehatte, hatte es immer wieder Streit mit der Stadt Buchau gegeben. Die Äbtissin bat den Müller, ihr alles über die Rechte der Mühle zu erzählen, an das er sich erinnern könne. Sie ließ daraufhin eine Urkunde ausstellen, damit, so die Äbtissin, das Wissen des Müllers nicht in Vergessenheit gerate.

Handlungsmöglichkeiten und -grenzen, oder: Wie frei waren die Äbtissinnen in ihren Entscheidungen?

Die spannende Frage, ob die vorgestellten Äbtissinnen freiwillig ihr Amt ausübten oder von ihren Familien oder Mitkanonissen zur Wahl gedrängt wurden, ob sie Freude an ihrer Amtsführung und ihren Repräsentationspflichten hatten, lässt sich für das Mittelalter sowie das 16. Jahrhundert nur schwer beantworten. Die aus dem 17. und 18. Jahrhundert teilweise sehr umfangreich vorhandene Korrespondenz einzelner Äbtissinnen ist hinsichtlich dieser Frage bislang nicht ausgewertet worden. An einigen Beispielen möchte ich abschließend versuchen, die aus dem 15. Jahrhundert erhaltenen Quellen nach den Handlungsmöglichkeiten und -grenzen der Äbtissinnen zu befragen. Zunächst lässt sich feststellen, dass einige Äbtissinnen versuchten, insbesondere das geistliche und das gemeinschaftliche Leben des Konvents zu beleben oder gar wiederherzustellen. Im Jahre 1441 ließ Äbtissin Klara von Montfort eine umfangreiche Jahrzeitstiftung aufsetzen, sorgte also für ihr Seelenheil vor. Dabei stiftete sie unter anderem eine neue Präsenz, um den Gottesdienst in ihrem Stift zu verbessern. Präsenzgelder waren eine Geldzahlung, die ein Kanoniker oder eine Kanonisse für die persönliche Teilnahme an den Gebetszeiten oder Gottesdiensten erhielt. Dabei handelte es sich um eine im späten Mittelalter durchaus übliche Praxis. Aus der Stiftungsurkunde erfahren wir nun, dass die in geistlichen Gemeinschaften eigentlich üblichen Tagzeiten Prim, Terz, Sext und Non in Buchau bislang nicht gesungen wurden. Mit der Einrichtung der Präsenz wollte die Äbtissin einen Anreiz schaffen, diese Tagzeiten künftig zu begehen. Die 1497 gewählte Barbara von Gundelfingen erwirkte eine päpstliche Bestätigung, in der die Kleidung der Kanonissen und Kanoniker geregelt wurde. 1501 stellte sie das gemeinsame Leben in ihrem Stift wieder her und verfügte, dass die Kanonissen künftig gemeinsam die Mahlzeiten einnahmen und ein gemeinsames Gebäude bewohnten.

Die Handlungsmöglichkeiten der Äbtissinnen wurden zunächst durch die äußere Verfassung – etwa die Beziehung zum Bischof und zum Reich – abgesteckt. Natürlich waren sie auch abhängig von der Finanzlage der Stifte oder äußeren Einflüssen wie Kriegen oder Naturkatastrophen. Eine wichtige Institution, die den Äbtissinnen oft antagonistisch gegenüberstand, waren zudem die Stiftskapitel, also die Versammlung der Kanonissen und Kanoniker. Die Kapitel wählten nicht nur die Äbtissinnen, sie übernahmen auch die Stiftsregierung in Zeiten der Vakanz. Direkt nach der Wahl beschworen die Äbtissinnen 14 bzw. 16 Artikel, an die sie sich während ihrer Amtszeit zu halten gelobten. Gleich mit dem ersten Punkt dieser sogenannten Wahlkapitulation verpflichtete sich die Äbtissin, nach Kräften zu fördern, was »das Kapitel zum Nutzen des Gotteshauses beschließt«. Laut der Wahlkapitulation durfte die Äbtissin kein Lehen ohne Zustimmung des Kapitels ausgeben; alle Kosten, die aufgrund ihrer Amtsführung entstanden, sollte sie aus dem Äbtissinnengut begleichen. Diese und weitere Punkte machen deutlich: Bei den Wahlkapitulationen handelte es sich um Verträge, die die Rechte des Kapitels schützen und die Herrschaft der Äbtissin einschränken sollten. Sie zielten zudem darauf ab, die Besitz-

und Herrschaftsrechte des Frauenstifts zu wahren. Regierte eine Äbtissin gegen die vereinbarten Punkte, musste sie mit Gegenwehr des Kapitels rechnen: Nachdem Anna von Rüssegg ohne Einbeziehung des Kapitels Lehen vergeben und zu hohe Abgaben von den Corneliern verlangt hatte, kam es zu erbitterten Auseinandersetzungen zwischen Kapitel und Äbtissin, die erst durch die Einschaltung eines Schiedsgerichts beigelegt werden konnten. Die Stiftskapitel stellten also ein ständiges Korrektiv dar, ohne dessen Zustimmung keine Äbtissin über längere Zeit regieren konnte.

Ein weiterer wichtiger Faktor, auf den ich abschließend eingehen möchte, sind die Familien der Äbtissinnen. Es wurde bereits darauf hingewiesen, dass die Familien regelmäßig Einfluss auf die Besetzung der Kanoniker- und Kanonissenpfründen sowie auf die Äbtissinnenwahl zu nehmen versuchten. Durch die Aufnahme in das Stift oder gar die Wahl zur Äbtissin legten die Frauen mitnichten ihre Familienzugehörigkeit ab. Ab dem späten Mittelalter führten Sie neben ihrem Äbtissinnentitel in Urkunden und auf ihren Siegeln auch ihre weltlichen Titel sowie den Namen ihrer Herkunftsfamilien. Die Abbildung 8 zeigt das Siegel der Magareta von Werdenberg, dessen Umschrift lautet: *S(igillum) margret vo(n) gots gnadt aptisi v(on) Bvchov greve v(on) werde(n)berg*. Zudem weist das Siegel das Wappen der Werdenberger, die dreilätzige Kirchenfahne, auf. Familienwappen finden sich auch auf den Epitaphien der frühneuzeitlichen Äbtissinnen. Somit repräsentieren die Äbtissinnen während ihrer Amtszeit und über ihren Tod hinaus nicht nur ihre Stifte, sondern auch ihre Familien. In der bereits erwähnten Jahrzeitstiftung der Äbtissin Klara von Montfort sorgt sie nicht nur für das eigene Seelenheil vor, sondern auch für das ihrer Eltern und Stiefbrüder.

Väter, Brüder, Onkel und Neffen der Äbtissinnen lassen sich regelmäßig als Richter, Streitschlichter oder Zeugen in wichtigen Urkunden greifen. So nahm Stephan von Gundelfingen 1403 von König Ruprecht anstelle seiner engen Verwandten Anna die Regalien entgegen. Die Wahlkapitulation Klaras von Montfort wurde von ihren beiden Verwandten, Graf Rudolf VII. von Montfort sowie Jakob Truchsess von Waldburg bezeugt. 1484 schlichtete der Augsburger Bischof Johannes von Werdenberg einen Streit zwischen seiner Schwester, Äbtissin Margareta, und einem der Stiftsvögte. Diese Beispiele ließen sich beliebig fort-

Abb. 8: Siegel Margaretes von Werdenberg.

setzen. Das Phänomen des familiären Einflusses dürfte durch die zeitgleiche Anwesenheit mehrerer verwandter Kanonissen in den Stiften noch verstärkt worden sein. Auch hier kann letztlich nicht entschieden werden, wie willkommen die Einmischung der männlichen Verwandten oder der Familie war. Die Beispiele verdeutlichen jedoch, dass die Äbtissinnen immer auch als Familienvertreterinnen agierten, als solche auftraten und als solche wahrgenommen wurden.

QUELLEN
SEIGEL, Rudolf u. a. (Bearb.): Die Urkunden des Stifts Buchau. Regesten 819–1500 (Inventare der nichtstaatlichen Archive in Baden-Württemberg, Bd. 36), Stuttgart 2009.

LITERATUR
BAUR, Willy: Stift Buchau und Herrschaft Straßberg, in: Schwäbische Heimat 22 (1977), S. 87–90.

BORST, Arno: Mönche am Bodensee. 610–1525 (Bodensee-Bibliothek, Bd. 5), Sigmaringen 1978.

BRENNER, Bernhard: Zwischen geistlichem Leben und ständischem Prestige. Augustinusregel und Lebenswirklichkeit in den schwäbischen Damenstiften Augsburg, Edelstetten und Lindau, in: Dietmar SCHIERSNER, Volker TRUGENBERGER, Wolfgang ZIMMERMANN: Adelige Damenstifte Oberschwabens in der Frühen Neuzeit. Selbstverständnis, Spielräume, Alltag (Veröffentlichungen der Kommission für geschichtliche Landeskunde in Baden-Württemberg, Reihe B: Forschungen, Bd. 187), Stuttgart 2011, S. 45–75.

FELTEN, Franz J.: Auf dem Weg zu Kanonissen und Kanonissenstift. Ordnungskonzepte der weiblichen vita religiosa bis ins 9. Jahrhundert, in: Raphaela AVERKORN u. a. (Hgg.): Europa und die Welt in der Geschichte. Festschrift zum 60. Geburtstag von Dieter Berg, Bochum 2004, S. 551–573.

FELTEN, Franz J.: Wie adelig waren Kanonissenstifte (und andere weibliche Konvente) im (frühen und hohen) Mittelalter?, in: Irene CRUSIUS (Hg.): Studien zum Kanonissenstift (Veröffentlichungen des Max-Planck-Instituts für Geschichte, Bd. 167), Göttingen 2001, S. 39–128.

FLACHENECKER, Helmut: Damenstifte in der Germania Sacra. Überblick und Forschungsfragen, in: Dietmar SCHIERSNER, Volker TRUGENBERGER, Wolfgang ZIMMERMANN: Adelige Damenstifte Oberschwabens in der Frühen Neuzeit. Selbstverständnis, Spielräume, Alltag (Veröffentlichungen der Kommission für geschichtliche Landeskunde in Baden-Württemberg, Reihe B: Forschungen, Bd. 187), Stuttgart 2011, S. 17–43.

FÜRSTENBERG, Michael Freiherr von: »Ordinaria loci« oder »Monstrum Westphaliae«? Zur kirchlichen Rechtsstellung der Äbtissin von Herford im europäischen Vergleich (Studien und Quellen zur westfälischen Geschichte, Bd. 29), Paderborn 1995.

KLAPP, Sabine: Das Äbtissinnenamt in den unterelsässischen Frauenstiften vom 14. bis zum 16. Jahrhundert. Umkämpft, verhandelt, normiert (Studien zur Germania Sacra, N.F. 3), Berlin/Boston 2012.

KLIEGEL, Marieluise: Gut betucht. Zum Selbstverständnis adeliger Stiftsdamen in Gewand und Stand, in: Dietmar SCHIERSNER, Volker TRUGENBERGER, Wolfgang ZIMMERMANN: Adelige Damenstifte Oberschwabens in der Frühen Neuzeit. Selbstverständnis, Spielräume, Alltag (Veröffentlichungen der Kommission für geschichtliche Landeskunde in Baden-Württemberg, Reihe B: Forschungen, Bd. 187), Stuttgart 2011, S. 203–222.

Kreisbeschreibungen des Landes Baden-Württemberg. Der Landkreis Biberach, Bd. I, bearb. von der Abteilung Landesbeschreibung des Staatsarchives Sigmaringen und hg. von der Landesarchivdirektion Baden-Württemberg in Verbindung mit dem Landkreis Biberach, Sigmaringen 1987.

KÜPPERS-BRAUN, Ute: Dausendtmahl lieber zu Buchaw woldte sein. Zu regionalen Unterschieden im Selbstverständnis hochadeliger Frauen in frühneuzeitlichen Damenstiften, in: Dietmar SCHIERSNER, Volker TRUGENBERGER, Wolfgang ZIMMERMANN: Adelige Damenstifte Oberschwabens in der Frühen Neuzeit. Selbstverständnis, Spielräume, Alltag (Veröffentlichungen der Kommission für geschichtliche Landeskunde in Baden-Württemberg, Reihe B: Forschungen, Bd. 187), Stuttgart 2011, S. 147–163.

LASCHIMKE, Ralf: Burg Straßberg, in: Zeitschrift für hohenzollerische Geschichte 44 (2008), S. 267–273.

MAURER, Helmut: Kanonissenstift und Pfalz. Beobachtungen am Beispiel der südwestdeutschen Stifte Buchau, Lindau und Säckingen, in: Hans Rudolf SENNHAUSER (Hg.): Pfalz, Kloster, Klosterpfalz St. Johann in Müstair. Historische und archäologische Fragen. Tagung 20.–22. September 2009 in Müstair. Berichte und Vorträge (Acta Müstair, Kloster St. Johann, Bd. 2), Zürich 2010, S. 229–236.

PARAVICINI, Werner (Hg.): Höfe und Residenzen im spätmittelalterlichen Reich. Ein dynastisch-topographisches Handbuch, Teilband 1: Dynastien und Höfe (Residenzenforschung, Bd. 15. I), Ostfildern 2003.

RÖCKELEIN, Hedwig: Religiöse Frauengemeinschaften des früheren Mittelalters im alemannischen Raum, in: Rottenburger Jahrbuch für Kirchengeschichte 27 (2008), S. 27–49.

SCHIERSNER, Dietmar: Einführung, in: DERS., Volker TRUGENBERGER, Wolfgang ZIMMERMANN: Adelige Damenstifte Oberschwabens in der Frühen Neuzeit. Selbstverständnis, Spielräume, Alltag (Veröffentlichungen der Kommission für geschichtliche Landeskunde in Baden-Württemberg, Reihe B: Forschungen, Bd. 187), Stuttgart 2011, S. 1–15.

SEIGEL, Rudolf: Election und Benediction. Wahl und Weihe einer Äbtissin des Stifts Buchau 1742/43, in: Dietmar SCHIERSNER, Volker TRUGENBERGER, Wolfgang ZIMMERMANN: Adelige Damenstifte Oberschwabens in der Frühen Neuzeit. Selbstverständnis, Spielräume, Alltag (Veröffentlichungen der Kommission für geschichtliche Landeskunde in Baden-Württemberg, Reihe B: Forschungen, Bd. 187), Stuttgart 2011, S. 165–202.

THEIL, Bernhard: Das Damenstift als adlige Lebensform der Frühen Neuzeit. Beobachtungen am Beispiel des Stifts Buchau am Federsee, in: Mark HENGERER, Elmar L. KUHN, Peter BLICKLE, (Hgg.): Adel im Wandel. Oberschwaben von der Frühen Neuzeit bis zur Gegenwart, Bd. 2, Ostfildern 2006, S. 529–544.

Theil, Bernhard: Das (freiweltliche) Damenstift Buchau am Federsee (Germania Sacra, N.F. 32 / Die Bistümer der Kirchenprovinz Mainz: Das Bistum Konstanz 4), Berlin/New York 1994.

Theil, Bernhard: Geistliche Einkehr und adlige Versorgung. Das Damenstift Buchau am Federsee zwischen Kirche und Reich, in: Kurt Andermann (Hg.): Geistliches Leben und standesgemäßes Auskommen. Adlige Damenstifte in Vergangenheit und Gegenwart (Kraichtaler Kolloquien, Bd. 1), Tübingen 1998, S. 43–57.

Theil, Bernhard: Hochadelige Damenstifte zwischen Reichsverfassung und Diözesanbischof. Das Beispiel Buchau am Federsee, in: Dietmar Schiersner, Volker Trugenberger, Wolfgang Zimmermann: Adelige Damenstifte Oberschwabens in der Frühen Neuzeit. Selbstverständnis, Spielräume, Alltag (Veröffentlichungen der Kommission für geschichtliche Landeskunde in Baden-Württemberg, Reihe B: Forschungen, Bd. 187), Stuttgart 2011, S. 131–145.

Theil, Bernhard: Stift Buchau am Federsee und seine Pfarreien. Beobachtungen zur Besetzung der Pfarrstellen im Mittelalter unter besonderer Berücksichtigung der Stifte, in: Wolfgang Schmierer, Günter Cordes, u. a. (Hgg.): Aus südwestdeutscher Geschichte. Festschrift für Hans-Martin Maurer. Dem Archivar und Historiker zum 65. Geburtstag, Stuttgart 1994, S. 179–193.

INTERNET

Webseite Stadt Buchau zum Adelindis-Fest:
http://www.bad-buchau.de/index.php?id=80 [zuletzt aufgerufen am 10.05.2015].

Antonia Visconti und Barbara Gonzaga: Italienische Prinzessinnen am württembergischen Hof

Von Peter Rückert

I. Forschungsansatz und Fragestellungen*

Im Zentrum meiner Ausführungen zu den »Frauen in Württemberg« stehen zwei italienische Prinzessinnen, die mit württembergischen Grafen verheiratet wurden und hier als Regentinnen im Spätmittelalter Geschichte machen sollten. Neudeutsch formuliert also zwei prominente Damen mit Migrationshintergrund, von denen man bis vor kurzem allerdings nicht allzu viel wusste. Beide standen deutlich im Schatten ihrer Männer – der Grafen Eberhard III., der Milde, bzw. Eberhard V. im Bart – und viel mehr als ein fragwürdiger, auf Äußerlichkeiten beschränkter Mythos war kaum bekannt.

Wir wollen nun gerne die Perspektive dieser Frauen einnehmen, was durchaus vielversprechend erscheint, weil in den letzten Jahren zahlreiche Quellen und materielle Zeugnisse zusammengestellt wurden, die ein neues, kontrastreiches Profil dieser Damen erlauben. Dabei ist von vornherein klarzustellen, dass wir hier in Hinblick auf die Überlieferung bereits von unterschiedlichen Voraussetzungen ausgehen müssen: Für die ältere Antonia Visconti aus Mailand († 1405) gilt es, die einschlägigen Informationen aus ihrem reichen familiären Umfeld auszuwerten; die hundert Jahre jüngere Barbara Gonzaga aus Mantua hat bereits in ihren Briefen und den weitgehend erhaltenen Korrespondenzen um ihre Person einen – zumindest für die frühe

---

* Dem Beitrag liegt der Vortrag zugrunde, der am 3.12.2012 im Rahmen des Studium Generale »Frauen in Württemberg« an der Universität Tübingen gehalten wurde. Die Vortragsform wurde beibehalten, der Text um ein Quellen- und Literaturverzeichnis ergänzt. Vgl. dazu meinen Beitrag »Italienische Bräute am Uracher Hof« mit ausführlichem Anmerkungsapparat sowie die zwischenzeitlich erschienene Briefedition »Barbara Gonzaga: Die Briefe / Le Lettere (1455–1508)«, deren Einzelnachweise im Folgenden (zitiert als Brief Nr. XY) eingebracht sind.

Abb. 1: Bernabò Visconti. Ausschnitt aus seinem Reiterstandbild von Bonino da Campione in Mailand, um 1363.

württembergische Geschichte – einzigartigen Schatz hinterlassen, der uns wünschenswert deutlich unterrichtet. Die Biografien der beiden erscheinen jedenfalls gut miteinander vergleichbar, zumal sie auf denselben Bühnen spielen: den oberitalienischen Höfen in Mailand und Mantua und den württembergischen Höfen in Stuttgart und Urach.

Die beiden Prinzessinnen sollen nun nacheinander vorgestellt werden, wobei sich unsere Leitfragen jeweils an drei Komplexen orientieren, die gerade auch die kulturgeschichtliche Forschung dominieren: Zunächst fragen wir nach dem dynastischen bzw. familiären Kontext, also ihrer Herkunft, ihrer Ausstattung und der damit verbundenen materiellen Kultur und deren Transfer. Damit drängt sich bereits der kommunikationsgeschichtliche Kontext auf: Zwar war Oberitalien im Spätmittelalter noch Teil des deutschen Reiches, aber die Alpen trennten damals doch zwei unterschiedliche Sprach- und Kulturlandschaften. Wie verständigte man sich also und wie kommunizierte man über diese Grenzen hinweg? Wie wurden Kontakte auf der dynastischen Ebene hergestellt und erhalten? Und schließlich der spannende mentalitätsgeschichtliche Kontext: Wie nahmen die beiden Ausländerinnen ihre neue Heimat, ihre neuen Familien selbst wahr? Wie wurden sie in ihrem schwäbischen Umfeld, an den württembergischen Höfen aufgenommen, wie integriert? Wie war ihre Bindung an ihre Herkunftsfamilien, welchen Einfluss hatten sie im politischen wie im kulturellen Bereich und was ist davon geblieben? Mit dieser Annäherung an Memoria und Mythos soll sich dann im abschließenden Fazit der Kreis um die beiden Damen schließen.

2. Die Visconti: Familie und dynastische Qualität

Blicken wir also über die Alpen: Die Visconti, Signori und ab 1395 Herzöge von Mailand, gelten als eine Familie von nur regional bedeutender Herkunft. Ihre Anfänge werden erst im 11. Jahrhundert im Mailänder Umfeld greifbar. Damals erschienen sie als Vasallen des Erzbischofs von Mailand und erwirkten den

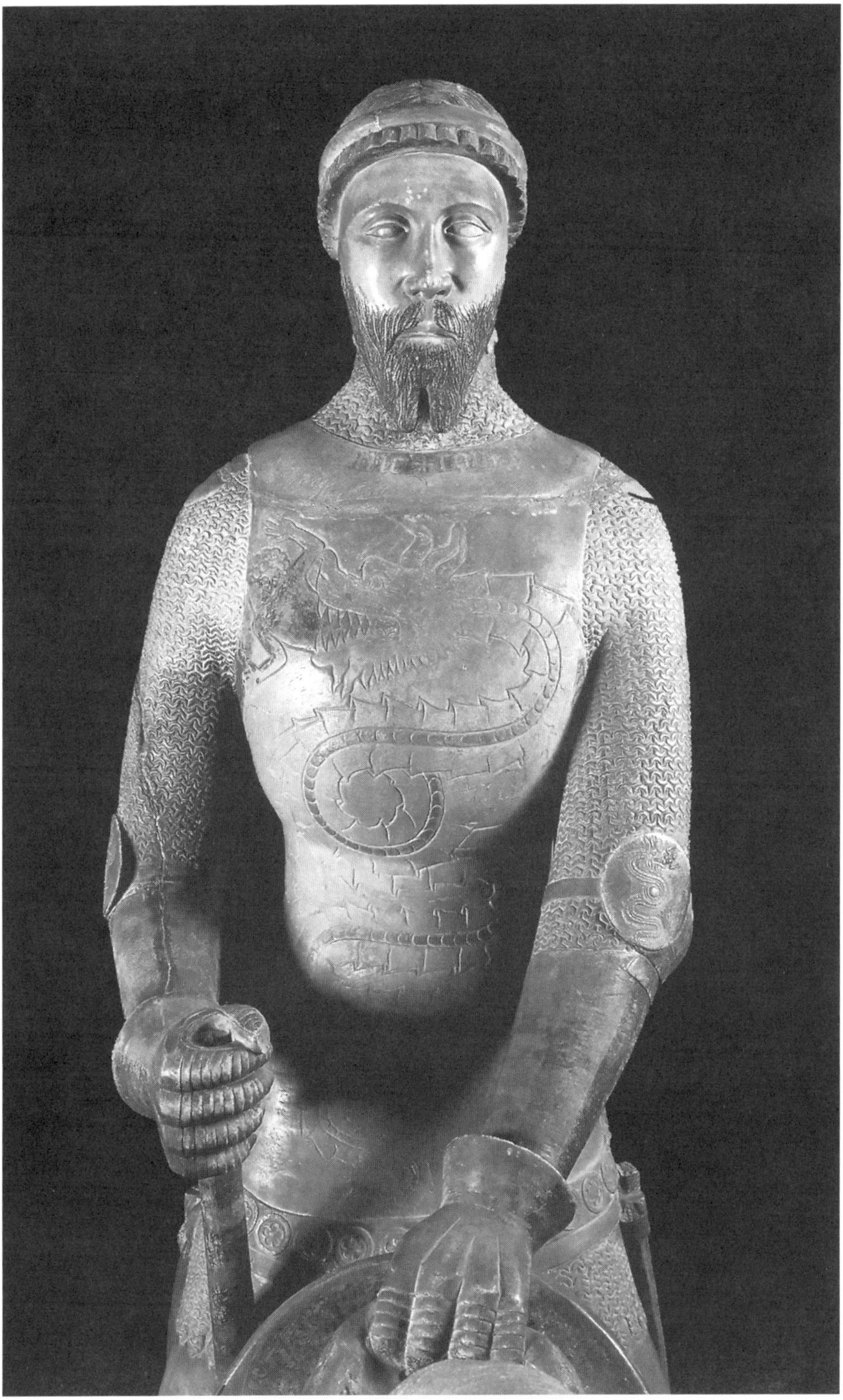

erblichen Vicecomestitel, der anschließend zu ihrem Familiennamen wurde. Ab dem späten 13. Jahrhundert brachten die Visconti einen rasanten herrschaftlichen Aufstieg hinter sich, der sie Mitte des 14. Jahrhundert als fürstengleich ansehen ließ. Mit der Besetzung des Mailänder Erzbischofsstuhls, der zeitweisen Übernahme des Reichsvikariats und der Anerkennung als Signori der Stadt erweiterten sie die Grenzen des Mailänder Territoriums und dehnten ihren politischen Einfluss auf einen Großteil Nord- und Mittelitaliens aus.

Gerade im Konnubium, in den Heiratsverbindungen ihrer zahlreichen Mitglieder, dokumentieren sich der gesellschaftliche Aufstieg der Visconti und ihre dynastischen Ambitionen. Waren die Ehen der Familie bis um 1350 noch fast ausschließlich mit Mitgliedern aus den benachbarten oberitalienischen Signorien, wie den Este, den della Scala oder den Gonzaga, geschlossen worden, wird mit den Brüdern Galeazzo II. († 1378) und Bernabò († 1385) eine neue Dimension dynastischer Politik erreicht: Jetzt kommen Verbindungen mit den »besten« Familien, mit den bedeutendsten europäischen Adelshäusern, mit Fürsten und gar Königen, in Frage. Die Heiratspolitik wird von beiden Brüdern international aufgeladen und als dynastisches Machtinstrument eingesetzt.

Besonders das Kapital Bernabò Viscontis war hierfür beachtlich (Abb. 1): Er hatte mit seiner Frau 16 namentlich bekannte eheliche Nachkommen und mit zahlreichen weiteren Damen mindestens nochmals ebenso viele. Seine dynastische Politik und ein damit verbundenes »fürstliches Netzwerk« kann so im Einzelnen verfolgt werden. Dabei ist dieses »Netzwerk« zunächst auf die elf Töchter Bernabòs mit Beatrice della Scala zu beziehen, die – anders als ihre unehelichen Stiefschwestern – allein für fürstliche Eheverbindungen in Frage kamen. Auch für ihre Brüder spielten die internationalen Heiraten – bis auf eine Ausnahme – keine Rolle; zugespitzt formuliert: Antonia und ihre Schwestern taugten und funktionierten für den internationalen Heiratsmarkt auf höchstem Niveau. Sie stellten für die dynastische Politik ihrer Eltern das besondere Kapital dar, das – angereichert um attraktive Mitgiften – die Türen zu den vornehmsten Fürstenhäusern aufschließen konnte.

Beide Ambitionen – gesellschaftlicher Aufstieg und Anerkennung fürstlicher Qualität, gerade im Hinblick auf Reich und König, Machtzuwachs und Ausdehnung des herrschaftlichen Einflusses in Italien – bildeten also die komplementäre Folie des dynastischen Programms Bernabò Viscontis. Hieran orientierte sich die Ausrichtung der Heiratsverhandlungen, die Partnersuche, gerade für die zahlreichen Töchter. Diese war so erfolgreich, dass das Netz der Heiratsverbindungen seiner Töchter die Mitte Europas von England bis Sizilien und von Frankreich bis Zypern umspannte. Der herrschaftliche und geographische Schwerpunkt lag dabei deutlich im zentralen Bereich des deutschen Reichs, von Mailand aus betrachtet also jenseits der Alpen mit Bayern, Franken, Thüringen, Österreich und Württemberg. Hier wurden nur die vornehmsten, möglichst königsfähigen Familien in die engere Wahl genommen, auch kamen nur regierende Fürsten oder zumindest künftige Regenten als Ehepartner in Frage.

Auf Antonia und ihre Schwestern bezogen heißt das zunächst, dass wir von vergleichbaren Voraussetzungen des Transfers ausgehen können: Damen, die gemeinsam an einem glänzenden Fürstenhof in einer der großen europäischen Metropolen aufgewachsen sind, inmitten einer großen, reichen Familie. Sie hatten eine gediegene Erziehung genossen, waren verwöhnt von einer feinen höfischen Kultur, wo Literatur, Musik, Tanz und Spiel zum Zeitvertreib gehörten. Gleichzeitig war auch das Familienleben ganz dem politischen Interesse des Vaters Bernabò und dessen Machtherrschaft unterworfen. Seine Kinder waren, so wird man annehmen dürfen, Gehorsam gewöhnt, und außerdem, mit diesem Druck umzugehen. Bei der Organisation des Heiratsmarktes für ihre Töchter spielte freilich auch die Mutter, Beatrice della Scala, eine zentrale Rolle, wie aus den zeitgenössischen Dokumenten vielfach deutlich wird.

Hinsichtlich dieser Ausgangssituation können wir geradezu von einer Potenzierung der historischen Abläufe und damit auch der Überlieferungssituation sprechen: Für einen Zeitraum von etwa zwei Jahrzehnten, zwischen 1365 und 1385, standen im Hause Visconti in mehr oder weniger regelmäßigen Abständen Töchter als Bräute zur Verfügung. Diese wurden – in der Regel bald nachdem sie das 14. Lebensjahr erreicht hatten – mit überreichen Mitgiften ausgestattet und entsprechend den skizzierten Vorgaben ihrer Eltern verheiratet.

3. Antonia Visconti: ein Schatz im Hause Württemberg

Damit zu Antonia Visconti und ihrer Biografie: Natürlich sollte auch Antonia ebenso wie ihre Schwestern den politischen und gesellschaftlichen Ambitionen ihrer Eltern entsprechend möglichst prominent verheiratet werden. Auch sie war, kaum dass sie 14 Jahre alt war, an der Reihe, um der Familie Visconti eine weitere Krone zuzuführen: Etwa zeitgleich mit ihrer älteren Schwester Valentina, die 1376 den König von Zypern heiratete, wurde Antonias Ehe mit König Friedrich III. von Sizilien aus dem Haus Aragon in die Wege geleitet. Ihr Weg sollte also nach Süden, zu dem etwa 20 Jahre älteren, im Übrigen übel beleumdeten Mann – *asinus* oder *simplex* wurde er von den Zeitgenossen genannt – führen. Gleichwohl eben ein mächtiger Mann, ein König von Italien, der allerdings vor dem Vollzug der Ehe plötzlich verstarb. Von Antonia kennen wir leider keine Reaktion auf die unverhoffte Wendung ihres Schicksals; jedenfalls war sie auch drei Jahre später noch frei, um für die Brautwerbung des Hauses Württemberg in Frage zu kommen.

Blicken wir kurz nach Württemberg, auf die kleine, aber aufstrebende Grafschaft nördlich der Alpen. Wie konnte der Blick des Hauses Württemberg zur Brautwerbung gerade nach Mailand fallen, weit über das eigene Herrschaftsgebiet hinaus, ja bis in einen anderen Sprach- und Kulturraum? Im Hause Württemberg lebten damals drei Generationen nebeneinander:

Graf Eberhard II., der Greiner (1344–1392), ein bedeutender Mann, unter dessen Herrschaft Württemberg den Aufstieg zur wichtigsten Territorialherrschaft im deutschen Südwesten schaffte, sein Sohn Ulrich († 1388), den man mit Elisabeth, einer Tochter Kaiser Ludwigs des Bayern verheiraten konnte, der aber nie aus dem Schatten des Vaters treten sollte, sowie dessen Sohn Eberhard III., später genannt »der Milde«, der bald die Dynastie und Herrschaft Württemberg fortführen sollte.

Die dynastischen und herrschaftlichen Ambitionen des Hauses Württemberg ließen also nicht von ungefähr den Blick auf die reichen Visconti-Töchter in Mailand richten, wohin allerdings bereits gute persönliche Kontakte bestanden: Die Mutter Eberhards III., Elisabeth, war in erster Ehe mit Cangrande della Scala, dem Bruder Beatrices, verheiratet gewesen, also deren Schwägerin. Elisabeth hatte Beatrices Töchter in Hinblick auf eine lukrative Ehe ihres Sohnes sicher im Visier. Unterstützt

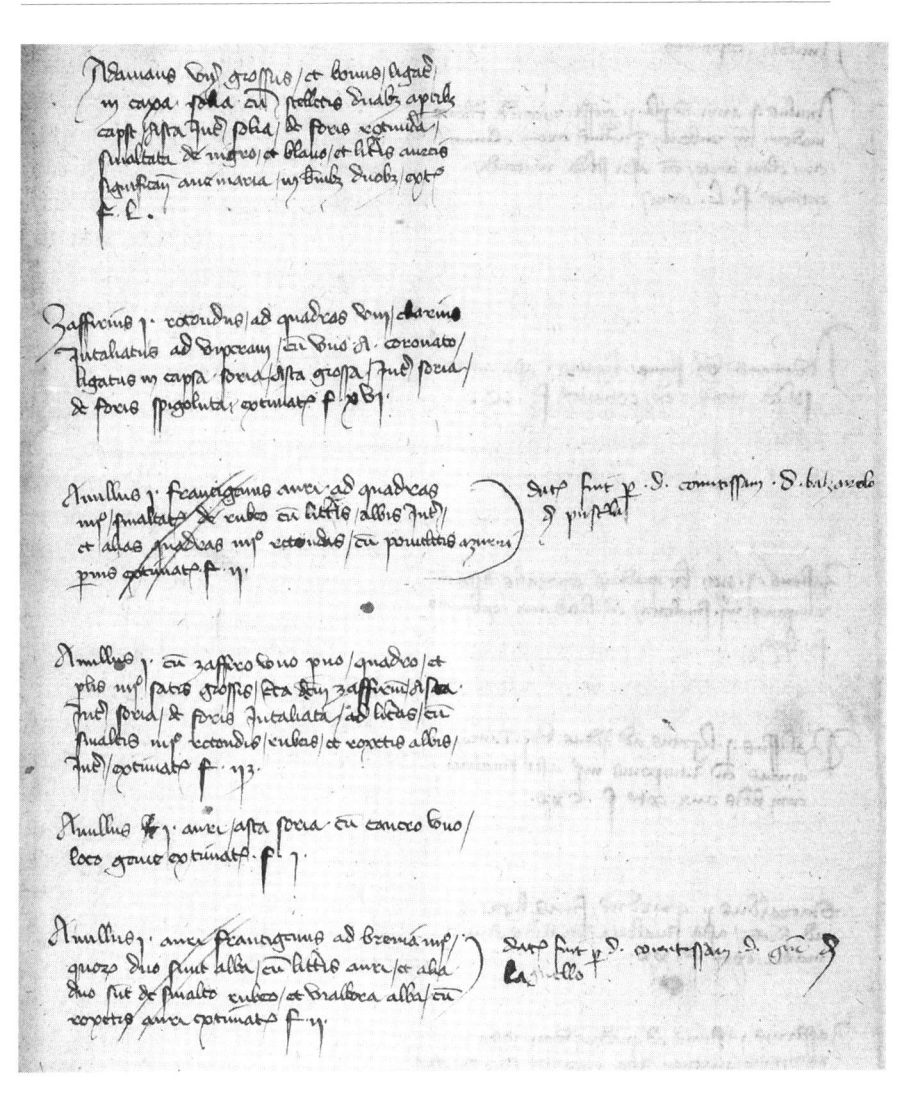

Abb. 2: Der »Liber iocalium« der Antonia Visconti, Mailand 1380.

wurde die Brautwerbung zudem durch das Haus Habsburg, das sogar einen geeigneten Brautwerber nach Mailand schickte. Erzherzog Leopold III. von Österreich hatte bereits etliche Jahre zuvor die ältere Schwester Antonias, Verde Visconti, geheiratet, und die neue, enge Verschwägerung mit den benachbarten, aufstrebenden Württembergern war sicher in seinem Sinn.

Beatrice verspricht daraufhin für die Hochzeit ihrer Tochter Antonia eine mächtige Mitgift von 70.000 Gulden. Sollte Eberhards Vater es wünschen, sei jedoch auch alternativ eine Heirat mit Magdalena, einer weiteren Tochter, denkbar. Antonia sei allerdings zwei Jahre älter als Magdalena und von daher vorzuziehen – was für ein Angebot! In Stuttgart freut man sich und schickt bald Prokuratoren nach Mailand, welche das förmliche Ehegelöbnis an Stelle des Bräutigams ablegen sollten, um anschließend die Überführung der Braut vorzubereiten. Ein spektakulärer und äußerst lukrativer Coup für das Haus Württemberg!

Im Mailänder Palazzo des Bernabò Visconti sollen damals, im Jahr 1380, gleich drei Töchter als Bräute ausgestattet werden: Neben Antonia sind dies Caterina, die dank päpstlichem Dispens mit ihrem Cousin Gian Galeazzo verheiratet wird, und Agnese, die den benachbarten Francesco Gonzaga von Mantua ehelichen soll, allerdings kurzfristig an Windpocken erkrankt, so dass die Hochzeit auf das Folgejahr verschoben werden muss.

Antonia jedenfalls packt ein: Gemeinsam mit ihrem Schreiber Johannes Falconus stellt sie offenbar ihre Aussteuer selbst zusammen. Zunächst den Schmuck, dann ihr Edelgeschirr, Gold- und Silbersachen, vor allem aber ihre Kleider und Stoffe, *pellande, guarnacce, zuppe* und wie die einzelnen Ober-, Unter- und Überkleider der Mailänder Damen auch immer genannt wurden. Antonia besitzt zahlreiche von jeder Art, von erlesenen Stoffen und kostbar verziert. Aber auch Handarbeitsgerät, Paternoster und zwei Gebetbücher packt sie ein.

Johannes Falconus hält alles sorgsam fest: *Liber vnus siue offitiolus vnus grossus* – »ein Buch oder Gebetbuch, mit in Silber und Gold emailliertem Einband, der auf der einen Seite die Jungfrau Maria mit dem Christkind, auf der anderen die Kreuzigung zeigt« (Abb. 2). Leider ist Antonias Gebetbuch nicht mehr erhalten, doch stimmt diese Beschreibung in ihrem Aussteuerverzeichnis genau mit dem kostbaren Einband des Gebetbuchs ihrer Schwester Taddea überein, das heute als so genanntes »Gebetbuch Kaiser Ludwigs des Bayern« unter den Schätzen der Bayerischen Staatsbibliothek in München verwahrt wird. Taddea, die 1367 Herzog Stephan III. von Bayern-Ingolstadt geheiratet hatte, hatte dieses prächtige Gebetbuch ebenfalls unter ihrem Brautschatz mit in die Ehe geführt. Antonias verlorenes Gebetbuch kann so in dem Band ihrer Schwester wieder eindrucksvoll vor Augen treten. Und wie in Taddeas Aussteuerinventar folgt auch bei Antonia auf das kostbare, repräsentative

Gebetbuch ein betont einfaches Stundenbuch (*offitiolus*), wohl für den alltäglichen Gebrauch. Damit ist die charakteristische, kostbare künstlerische Gestaltung der Visconti-Gebetbücher am Mailänder Hof besonders zu betonen. Sie waren ausgesuchte Prestigeobjekte mit Wiedererkennungs- bzw. Identifikationswert für die alte Familie wie die neuen Dynastien der Visconti-Schwestern und profilierten neben den üblichen Gebetbüchern die Aussteuer dieser kostbaren Bräute.

Für solche Prestigeobjekte arbeiteten zeitgleich auch die Mailänder Goldschmiede. In den gut zwei Monaten zwischen dem Heiratsgelöbnis und der Abreise der Braut nach Württemberg sollten noch weitere repräsentative Schmuckstücke sowie Edelgeschirr gefertigt werden: verzierte Becher, Pokale und Krüge wurden mit den Wappen von Württemberg und Visconti, den drei Hirschstangen und der menschenfressenden Schlange, der Vipera oder *biscione visconteo*, geschmückt; symbolkräftige, kostbare Ausstattung für den zukünfigen gräflichen Haushalt Antonias und Vorzeigestücke für die Pracht und Kunstfertigkeit am Visconti-Hof.

Das Aussteuerverzeichnis, der *liber iocalium* der Antonia Visconti, ist also tatsächlich ein »Buch der Kostbarkeiten«, das mit der Braut und ihrer Mitgift von insgesamt 70.000 fl. auf Maulesel verpackt im September 1380 den Weg über die Alpen antrat. Vergleichbar dem ihrer Schwester Taddea stellt es mit der Beschreibung ihres fürstlichen Brautschatzes gleichzeitig ein Inventar ihres persönlichen Besitzes dar, oftmals mit Streichungen und Anmerkungen versehen, gerade dort, wo Antonia schnell noch etwas in Mailand verschenkte oder weitergab.

Der genaue Weg, den Antonia Visconti und ihre Mailänder Begleitung nahmen, um im Oktober 1380 zur Hochzeit nach Urach zu gelangen, ist nicht bekannt. Allerdings liegen einige Anhaltspunkte dafür vor, und auch die üblichen Reiserouten, die eine größere Gesellschaft mit Wagen um 1400 über die Alpen nehmen konnte, kennt man. Von den möglichen Alpenpässen kamen damals der Gotthard und die Bündner Pässe in Frage, ebenso natürlich die Strecke über den Brenner und den Fernpass, die aber einen Umweg bedeutet hätte.

Die Heiratsabsprachen zwischen Württemberg und den Visconti sahen vor, dass Antonia von ihrer Familie bis zu den Grenzen des Mailänder Territoriums geleitet werden sollte, also wohl über Como und den Comer See nach Chiavenna und von dort aus zu den Bündner Pässen. Hier bietet sich der Weg über den Splügen-Pass oder den Septimer an, um über Chur an den Bodensee zu gelangen. Von hier aus ging es über Ulm und Oberschwaben wahrscheinlich direkt nach Urach. Diesen Weg sollte fast ein Jahrhundert später auch Graf Eberhard im Bart, der Urenkel Antonias nehmen, als er auf dem Rückweg von seiner Eheschließung mit Barbara Gonzaga in Mantua 1474 über Mailand reiste. Wir kommen darauf zurück.

4. Neue Familie – andere Welt

Mit ihrer Verheiratung nach Württemberg begann für Antonia Visconti ein neuer Lebensabschnitt, der sie in eine vollkommen andere Umgebung, eine andere »Welt« führte. Nicht, wie ursprünglich vorgesehen, als Gemahlin Friedrichs von Aragon, des Königs von Sizilien, sollte sie nun im Süden herrschen; ihr Weg führte über die Alpen ins kühle Schwaben. Hier erwartete sie die große Familie ihres neuen Mannes Eberhard, damals wohl ebenso wie sie noch nicht 20 Jahre alt. Repräsentatives Herrschaftszentrum der Württemberger war ihre Residenzstadt Stuttgart, freilich um ein vielfaches kleiner und unbedeutender als die bekannte Metropole Mailand. Urach galt zu dieser Zeit als wichtigste Nebenresidenz für die Familie und konnte den Hochzeitsfeierlichkeiten offenbar zumindest einen entsprechenden Rahmen bieten. Hier konnte sich das junge Paar auch länger einrichten, um den Stuttgarter Hof nicht zu eng werden zu lassen.

Der prächtige Aufzug der Visconti-Tochter sollte dem biederen württembergischen Hof jedenfalls bereits bei ihrer Hochzeit besonderen Glanz verleihen, ganz abgesehen von den großartigen finanziellen Möglichkeiten, die ihre reiche Mitgift der württembergischen Herrschaftspolitik bot. Antonia befand sich hier tatsächlich in einer anderen Welt mit einer anderen Sprache, einer anderen Gesellschaft, anderen Umgangsformen, einer anderen materiellen und geistigen Ausstattung sowie Kultur. Sie hatte sich einzufinden – und sie kam offenbar mit der neuen Situation bald gut zurecht.

Antonias selbstbewusstes und profiliertes herrschaftliches Auftreten als »Frau von Mailand« und Gräfin von Württemberg an der Seite ihres Mannes und ihre akzentuierte politische Präsenz, gerade im Nordteil der Grafschaft um Bietigheim und Marbach, in den für ihre Mitgift überlassenen Ämtern und Gütern, vermittelten bereits den Zeitgenossen eine bemerkenswerte Ausstrahlung der Mailänderin. Ihr Handlungsspielraum im wirtschaftlichen wie im politischen und geistig-religiösen Bereich lässt sie dabei etwa mit ihren nach Bayern verheirateten Schwestern durchaus vergleichen: Antonia verfügte über stolze Einnahmen von über 7.000 Gulden, die ihr bereits zu Lebzeiten – nicht erst als Witwenrente – jährlich zukommen sollten.

Von den ersten Jahren Antonias in Württemberg ist allerdings kaum etwas bekannt. Wohl um 1388 kam ihr Sohn Eberhard IV. zur Welt, der als einziges ihrer Kinder die Volljährigkeit erreichen und später die Regierung übernehmen sollte. Zwei weitere Söhne mit den Namen Ulrich und Ludwig verstarben offenbar bereits früh. Eberhard IV. wurde 1397 in die Ehe mit Henriette von Montbéliard/Mömpelgard versprochen, die der Herrschaft Württemberg die reiche Grafschaft an der Burgundischen Pforte einbringen sollte. Die familiäre Situation im Hause Württemberg änderte sich grundlegend, als 1388 Graf Ulrich, Antonias Schwiegervater, im Kampf fiel, und 1392 auch Eberhard II., der »Greiner«, hochbetagt starb. Jetzt regierte Eberhard III. von Stuttgart aus die Grafschaft – und Antonia mit ihm.

Besonders aufschlussreich erscheint in diesem familiären Zusammenhang ein Brief Antonias, der einzige, der heute von ihr noch bekannt ist (Abb. 3). Dieser Brief ist gleichzeitig das einzige Zeugnis des Kontaktes zwischen ihr und ihrer Mailänder Familie nach ihrer Heirat nach Württemberg. Antonia kondoliert damit ihrem Vater Bernabò zum Tod ihres ältesten Bruders Marco, der im Januar 1382 in Mailand verstorben war. Trotz des konventionellen Eindrucks, den der mit Bibelzitaten geschmückte Text zunächst macht, treten hier persönliche Eigenheiten hervor. Vor allem im Schlussteil wird der aktuelle Bezug deutlich: Nicht nur, dass Antonia auch im Namen ihrer gesamten neuen Familie, gleichsam für das Haus Württemberg, kondoliert, auch ihre persönliche Verbundenheit mit ihren Eltern und Geschwistern kommt nachhaltig zum Ausdruck: Sie wünscht, oft von Vater, Mutter, Brüdern und Schwestern zu hören, und auch, dass sie weiterhin im gemeinsamen Gedenken einander verbunden sein mögen. Außerdem dankt sie für ein Stück goldgewirktes Tuch, das ihr gerade aus Mailand zugegangen war. *Antonia de Vicecomitibus Mediolani in Virtumber comitissa*, zeichnet sie.

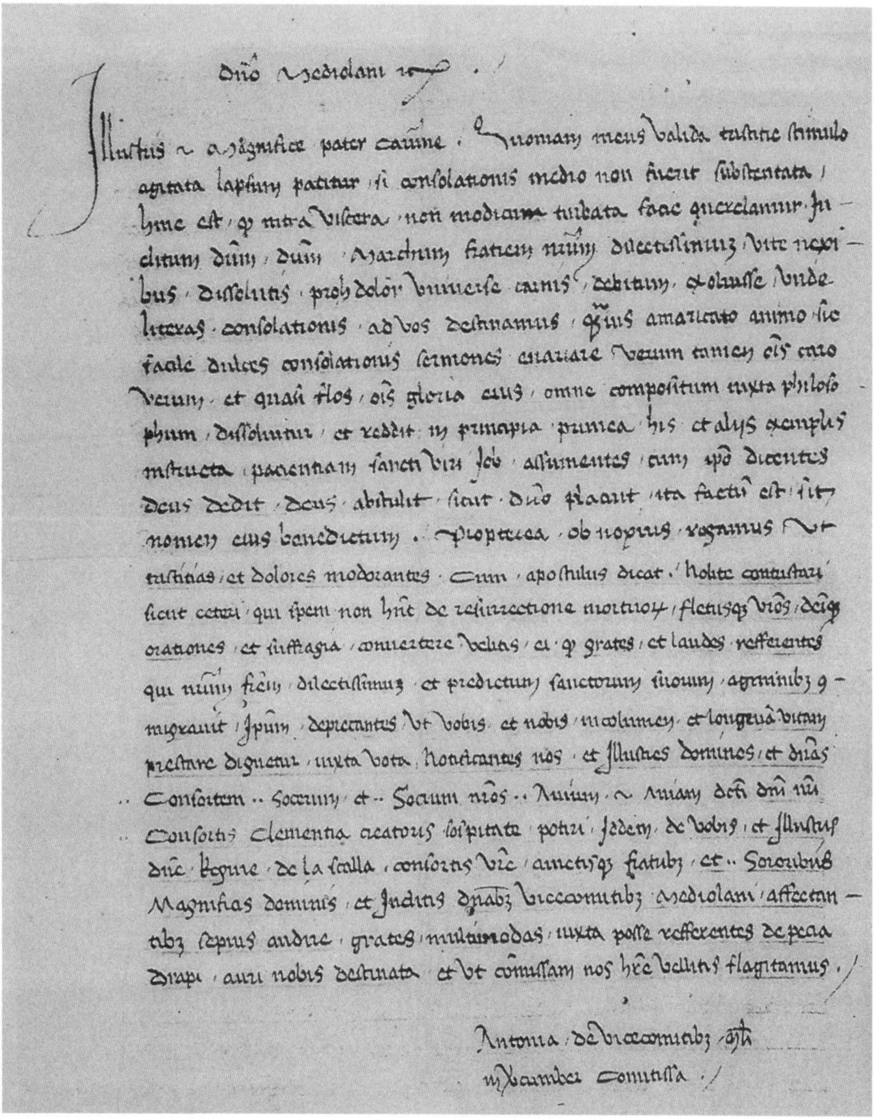

Dno Mediolani etc.

Illustris ~ ac significus pater carissime. Quoniam meus valida tristitie stimulo agitata lapsum patitur si consolationis medio non fuerit substentata, hinc est, quod mira viscera non modicum turbata fore querelamur. Auditum dum, dum Azardum fratrem meum dilectissimum, vite neccessibus discussum, proh dolor, universe carnis debitum, solvisse. Unde litteras consolationis ad vos destinamus, cuius amaricato animo sic facile dulces consolationis sermones exarare verum tamen, eis cum verum, et quasi flos, eius gloria eius, omne compositum iuxta philosophum, dissolvitur, et redditur in principia prima, his et aliis exemplis instructa, pacientiam sancti viri Job assumentes, cum ipso dicentes: Deus dedit, Deus abstulit, sicut domino placuit, ita factum est, sit nomen eius benedictum. Propterea, ob hoc rogamus ut tristicias et dolores moderantes. Cum apostolus dicat: Nolite contristari sicut ceteri qui spem non habent de resurrectione mortuorum, fletusque vestros deique orationes et suffragia convertere velitis, ei quod grates et laudes refferentes qui meum filium dilectissimum et predictum sanctorum suorum agminibus agmigravit spiritum, deprecantes ut vobis et nobis incolumitatem et longevam vitam prestare dignetur iuxta vota. Honorantes nos et Illustres dominos et dnias Consortem socerum et Socerum meos. Auum ~ Amiam dei dni mei Consortis Clementia creatoris hospitata potui, fedem de vobis et Illustris dnie Regine de la Scalla, consortis vie, amicisque statui, et Sororibus Magnificis dominis et Juditis dnabus vicecomitibus Mediolani affectantibus sepius audire, grates multimodas iuxta posse refferentes de pannis auri nobis destinata, et ut comissam nos hec velitis flagitamus.

Antonia de Vicecomitibus etc.
in Bambergii Comitissa.

Abb. 3: Brief der Antonia Visconti an ihren Vater, 1382.

Die dauerhafte geistige Verbundenheit – hier konkretisiert im gemeinsamen Gebetsgedenken für den verstorbenen Bruder – sowie die anhaltende Lieferung heimischer Kostbarkeiten – hier bezogen auf die Mailänder Stoffe bzw. Mode – vermitteln zumindest einen beispielhaften Eindruck von der

Nachhaltigkeit des gemeinsamen familiären Kontakts sowie des kulturellen Transfers, der von der Familie Visconti nach Württemberg ausging. Gleichzeitig spricht aus diesem einzigen Selbstzeugnis der Antonia Visconti ihre hohe Bildung, deren Vorbildlichkeit ihren Brief in Mailand bald in eine Mustersammlung, also eine Art »Briefsteller«, übernehmen ließ, so dass sein Text glücklicherweise erhalten blieb. Antonia schrieb bzw. ließ hier ein geschliffenes Latein schreiben, was in diesem besonderen Kondolenzfall sicher auch gefragt war. Ansonsten dürfen wir ihre brieflichen Kontakte mit ihrer Mailänder Familie normalerweise auf Italienisch erwarten. Die schriftlichen Kontakte zwischen den Häusern Württemberg und Visconti liefen freilich immer in der beiderseits verständlichen lateinischen Sprache ab, Deutsch spielte keine Rolle.

Wie Antonia mit ihrer fremdsprachigen Umgebung im Schwäbischen zurechtkam, wissen wir nicht; sicher hatte sie sprachkundige Hofleute bzw. Dolmetscher um sich, die gerade anfangs den Kontakt mit ihrem Mann und der neuen Familie unterstützen konnten. Erste deutschsprachige Urkunden lässt Antonia dann erst nach über einem Jahrzehnt, in den 1390er Jahren, ausstellen. Ihre persönlichen Stiftungen und Wohltaten sind damit mehrfach überliefert und entsprechen dem Bild einer sehr um ihr eigenes Seelenheil und das ihrer Familie besorgten Landesherrin. Sie galten vor allem der jungen Stadt Bietigheim, dem Zisterzienserkloster Maulbronn, der damaligen Benediktinerpropstei Güterstein bei Urach und ihrer Residenzstadt Stuttgart. Hier ist von ihrem Garten südlich des Schlosses die Rede, vom Garten der »Frau von Mailand«, einem offenbar bereits von ihr gestalteten Ziergarten, der über die nachfolgenden Generationen als solcher von den Regentinnen im Hause Württemberg gepflegt werden sollte. Antonia ist auch als Bauherrin in der Stadt aufgetreten, vor allem aber als Wohltäterin für die Stuttgarter Stiftskirche: Hier besuchte sie die Messen und hier sorgte sie mit entsprechenden Stiftungen auch für ihr eigenes Seelenheil und ihre Memoria, sicher bereits im Bewusstsein, dort auch ihre Grablege zu finden.

Antonia und ihr Mann Eberhard gelten gemeinsam als Hauptstifter der neuen Kirche in Bietigheim. Hier findet sich als Konsolbüste am Chorgewölbe, in traditioneller »Stifterposition«, die eigenwillige Büste einer gekrönten Dame, die Antonia als die Stifterin der Kirche repräsentiert. Die heutige dunkle Fas-

anno domini m cccc v iii

Abb. 4: Grabplatte der Antonia Visconti, kolorierte Bleistiftzeichnung von Andreas Rüttel d.J., 1583

sung von Haar, Augen und Teint entspricht allerdings in erster Linie den Vorstellungen württembergischer Restauratoren von südländischer Ausstrahlung als zeittypischen lombardischen Schönheitsidealen, die sich bekanntlich an rötlich-blonden und hellhäutigen Frauentypen orientierten. Das Haupt ist mit einem Diadem gekrönt, ein Schmuckstück, das später so auch noch in dem Inventar ihres Mannes Eberhards beschrieben wird. Diese wohl kurz nach 1400 zu datierende plastische Darstellung der Antonia Visconti als Konsolbüste stellt bereits etwas Neues, Ungewohntes im sakralen württembergischen Umfeld dar. Etwas unbeholfen vermittelt auch der eigenwillige, porträtartige Ausdruck der Büste mit dem modischen »Mailänder Rundausschnitt« des Kleides die persönliche Repräsentation einer Stifterin, deren Memoria hier gesichert werden sollte.

Antonia Visconti starb 1405, als die Bauarbeiten an der Bietigheimer Kirche noch im Gange waren (Abb. 4). Die württembergischen Geschichtsschreiber haben sie bald zur Mittlerin italienischer Hochkultur, feiner Mode und Lebensart, herrschaftlicher Architektur und Gartenkunst, von Literatur und Musik, stilisiert; quasi als zentrale Exponentin lombardisch-württembergischen Kulturtransfers. Angesichts der dürftigen Spuren, die davon geblieben sind, erscheint dieser Anspruch kaum glaubwürdig, eingeordnet in die zeitgenössischen herrschaftlichen, dynastischen und kulturellen Verhältnisse allerdings schon eher.

5. Der Hof der Gonzaga in Mantua

Überspringen wir einige Generationen und finden uns genau 50 Jahre später wieder ein, diesmal bei der Familie Gonzaga in Mantua, an einem der strahlendsten Höfe der italienischen Renaissance. Hier wird Barbara am 11. Dezember 1455 als achtes der elf ehelichen Kinder des Markgrafen Ludovico und seiner Frau Barbara geboren. Diese Barbara stammte aus dem feinen Hause Brandenburg-Hohenzollern, war allerdings schon als Mädchen an den Gonzaga-Hof gelangt und spielte dort nicht nur familiär, sondern auch politisch bald eine zentrale Rolle. Ihr

Mann war als Condottiere meist bei den mächtigen Sforza, den Herzögen von Mailand und Nachfolgern der Visconti, unterwegs, und Barbara hatte ihn auch als Fürstin zu vertreten. Ihre gleichnamige Tochter, Barbarina genannt, wuchs im wohlbehüteten Kreis der Geschwister, erzogen und unterrichtet im humanistischen Geist gebildeter Lehrer, heran, lernte früh lesen und schreiben, auch »lettere«, also Latein und die antike Literatur kennen (Abb. 5).

Damals war es den Gonzaga gelungen, Barbaras Bruder Francesco zum Kardinal erheben zu lassen. Damit war die Bedeutung und das gesellschaftliche Prestige der Familie nochmals stark gestiegen, die erst wenige Jahrzehnte davor (1433) von Kaiser Sigismund in den Markgrafenstand erhoben worden war. Jetzt galt es auch hier – nach bekanntem Schema – die bereits geknüpften dynastischen Bande mit den altadeligen Familien des Reiches im Norden zu verstärken: Der erstgeborene Federico wurde mit Margarete aus dem bayerischen Haus Wittelsbach verheiratet, die älteren Töchter Susanna und Dorothea versuchte man vergeblich als Bräute bei den Sforza in Mailand unterzubringen und Cecilia wurde Nonne.

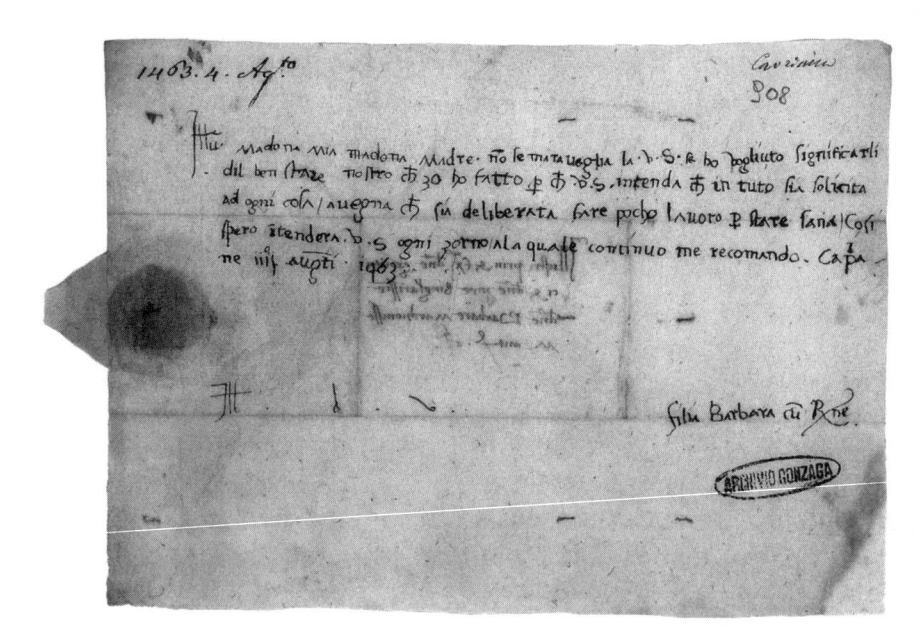

Abb. 5: Kinderbrief der Barbara Gonzaga an ihre Mutter, 1463.

Für Barbarina war im jungen Markgrafen Christoph von Baden auch bereits ein lukrativer Gemahl gefunden, doch das Heiratsprojekt zerschlug sich ebenfalls bald. Barbarina blieb also noch einige Jahre am elterlichen Hof in Mantua, wo die Kultur des *Rinascimento*, der programmatischen Rückbesinnung auf die antike Kunst, großartige Formen fand – während ständig neue dynastische Verbindungen für sie ausgelotet wurden. Besondere Bedeutung sollten die Bauprojekte des Fürsten erhalten, welche das Stadtbild Mantuas wie seinen Palazzo gleichermaßen neu formierten. Hier ließ er sich unter anderem ein Privatgemach von Andrea Mantegna aufwändig gestalten und mit großflächigen Wandmalereien zieren, das glücklicherweise bis heute – trotz der schweren Erdbeben im Frühjahr 2012 – seine einzigartige Pracht erhalten hat: die »Camera dipinta«, später »Camera degli Sposi« genannt, die bereits während ihrer Gestaltung die Bewunderung der Besucher hervorrief.

Im Jahr 1470 berichten Mailänder Gesandte beeindruckt von den großartigen Wandmalereien, die unter anderem die hübsche Tochter des Hauses, Barbarina Gonzaga zeigen: *[...] una bella et gentile madona et de bono aere et bone maynere* (Brief Nr. 18). Sie war damals kaum 15 Jahre alt und wurde von Mantegna im Kreise ihrer Familie dargestellt: Wir sehen hier zunächst den Vater Ludovico im Gespräch mit seinem Sekretär, einen Brief in Händen, die Mutter Barbara von Brandenburg, ihre Brüder Gianfrancesco, Ludovico und Rodolfo sowie ihre kleine Schwester Paola. Auch der große Baumeister Alberti und die »Nana«, die Hofzwergin, sind neben einer Reihe weiterer Höflinge dargestellt (Abb. 6).

Diese großartige künstlerische Momentaufnahme vom Gonzagahof in Mantua vermittelt in den dargestellten Details und ihrer meisterlichen Qualität einen ganz außergewöhnlichen Eindruck von der fürstlichen Familie und ihrem nächsten Umfeld. Sie wird ergänzt durch Mantegnas Darstellung einer Begegnungsszene an der benachbarten Wand des Saales, in deren Mittelpunkt Markgraf Ludovico auf seinen Sohn Kardinal Francesco trifft.

Die konkreten historischen Begebenheiten, die hier ins Bild gesetzt werden, sind deutlich: Sie drehen sich um die Erhebung Francescos zum Kardinal und halten dieses herausragende Schlaglicht der Familiengeschichte dauerhaft fest – dynastische Repräsentation und profane Memoria in ihrer feinsten Form.

Abb. 6: Die Familie Gonzaga auf dem Wandbild von Andrea Mantegna in der »Camera degli Sposi« des Palazzo Ducale von Mantua, um 1474.

Dabei ist auffällig, dass es jeweils Briefe in den Händen der Protagonisten sind, auf die sich das Geschehen fokussiert. Eine gerade erhaltene Nachricht in den Händen des Markgrafen, ein gefaltetes Schriftstück in den Fingern des Kardinals. Anders ausgedrückt: Die Kommunikation steht im Zentrum der gezeigten Geschichte, der Brief macht hier kunstgeschichtliche Karriere.

6. Die Uracher Hochzeit

Bleiben wir noch kurz in diesem wunderbaren Saal, dessen Ausstattung gegen Mitte des Jahres 1474 von Mantegna vollendet werden sollte. Im April dieses Jahres kam am Hof in Mantua eine freudig erwartete schwäbische Delegation an, an ihrer Spitze ein Graf von Württemberg, später Eberhard im Bart genannt. Dieser hatte sein Interesse an Barbarina bereits im Vorjahr deutlich werden lassen und vorab eine Gesandtschaft zur Brautwerbung nach Mantua geschickt.

Vermittlerin vor Ort spielte die Schwägerin Margarete von Wittelsbach, die den einstigen schwäbischen Nachbarn gegenüber anderen Bewerbern empfahl. Graf Eberhard, mit seinen 28 Jahren bereits weit gereist und welterfahren, kam mit stattlichem Gefolge von etwa 70 Pferden und traf zunächst die Markgräfin Barbara mit ihrer 18-jährigen Tochter, die ihm gleich überaus gefiel, wie die italienischen Augenzeugen betonen. Markgraf Ludovico bot ihm anschließend einen glänzenden Einzug in die Stadt, und bereits wenige Tage später wurde die Hochzeit im Dom von Mantua gefeiert, woran sich großartige Festlichkeiten anschlossen.

Auch die Formalitäten wurden gleich erledigt, die vorsahen, dass Barbarina neben einer kostbaren Aussteuer im Wert von 9.000 fl. eine ansehnliche Mitgift von 20.000 fl. erhalten sollte, die von Eberhard in gleicher Höhe zu widerlegen waren. Zur Unterzeichnung des Ehevertrages führte Ludovico den Schwiegersohn sicher auch in sein neues, feines Gemach, dessen künstlerische Vollendung gerade vor ihrem Abschluss stand. In der *camera cubicularis*, dem Schlafzimmer des Fürsten, unterzeichnete Eberhard im Bart dann die Heiratsurkunde am 14. April 1474 mit eigener Hand.

Der Bräutigam reiste mit seiner Truppe anschließend bald wieder ab, um zu Hause in Urach seinen Hof herauszuputzen. Dabei nutzte Eberhard seine Rückreise, um in Mailand Herzog Galeazzo Maria Sforza zu treffen. Eberhard besichtigte auf dem Weg nach Mailand noch das Castell seines Ururgroßvaters Bernabò Visconti, in dessen altem Palazzo Ducale er dann auch in Mailand untergebracht wurde. Beim Empfang durch den Herzog sollte vor allem die »uralte Verwandtschaft« der Grafen von Württemberg mit den Herzögen von Mailand betont werden. Die zweisprachigen Diplomaten kamen damit offenbar gut an, und Eberhard konnte sich mit seiner Begleitung über den Comer See zufrieden auf den Heimweg machen; denselben Weg, den fast ein Jahrhundert zuvor seine Urgroßmutter Antonia in die Fremde genommen hatte.

Eberhards Braut Barbara sollte zwei Monate später *con grande pompa* über die Alpen folgen. Wir kennen nicht nur ihr Gefolge genau, ihren Weg und den Reiseverlauf (Abb. 7), ihre fast täglichen Briefe lassen auch ihre gemischten Gefühle erfahren, die sie auf ihrer knapp vierwöchigen Never-Come-Back-Tour in den kalten Norden begleiteten. Hören wir kurz ihre Zeilen aus Trient, wo Barbara bereits nach wenigen Tagen ihren tiefen Abschiedsschmerz ihrer Mutter gegenüber nicht mehr verbergen konnte:

»Durchlauchtige Frau Mutter etc.
Gestern Abend spät sind wir nach einem ganz erfolgreichen Tag Gott sei Dank alle heil in Trient angelangt, wo ich noch einmal eingesehen habe, dass ich um meiner Begleitung Willen alle Freuden anzunehmen habe und mich keinesfalls davon abhalten lassen darf, mich freudig und guten Willens zu zeigen. Aber so viel mögt Ihr doch verstehen, durchlauchtigste Herrin, dass, je weiter der Weg mich führt, es desto schlimmer mich dünkt, Euer Exzellenz verlassen zu haben, und denk ich daran, so kann es mich nur betrüben. Wohl wahr, ich versprach Euch – und werde meinen Versprechen niemals untreu – freudig zu gehen. Daran möge Euer Durchlaucht nicht zweifeln. Schritt für Schritt werde ich freudig und froh ziehen unter dem Schirm dieses meines durchlauchtigen Bruders, der es nirgends fehlen lässt, mir alle Freuden zu bereiten [...]« (Brief Nr. 63; Übersetzung: Verf.).

Als Barbara mit ihrem prächtigen Hochzeitszug von über 230 Personen und noch mehr Pferden am 3. Juli 1474 in Urach ankommt, ist alles vorbereitet: Die Stadt ist herausgeputzt, die Aufgaben für den Festablauf und die Unterbringung der Gäste sind verteilt – wahrhaft ein logistisches Meisterstück Graf Eberhards und seiner Hofverwaltung, schon wenn man bedenkt, dass dieses kleine Städtchen Urach die bald 2.000 Hochzeitsgäste bei weitem nicht fassen kann. In Urach wurde also wieder einmal eine großartige Hochzeit gefeiert. Diese »Uracher Hochzeit« ist als rauschendes Fest in die württembergische Geschichtsschreibung eingegangen; anders als bei der Hochzeit zwischen Antonia Visconti und Eberhard III. von 1380 sind wir hier auch detailliert über seinen Ablauf und sein Programm, seine Organisation und Teilnehmer unterrichtet. Wir kennen die Unterbringung der Gäste ebenso wie die Sitzordnung, die Speisenfolge oder die Reihenfolge der Tänze. Graf Eberhard von Württemberg bot seiner Gemahlin, ihrem Gefolge und den Gästen eine Hochzeitsfeier auf fürstlichem Niveau.

Unmittelbar nach den Uracher Feierlichkeiten, am 8. Juli 1474, schreibt Barbaras Bruder, Kardinal Francesco Gonzaga,

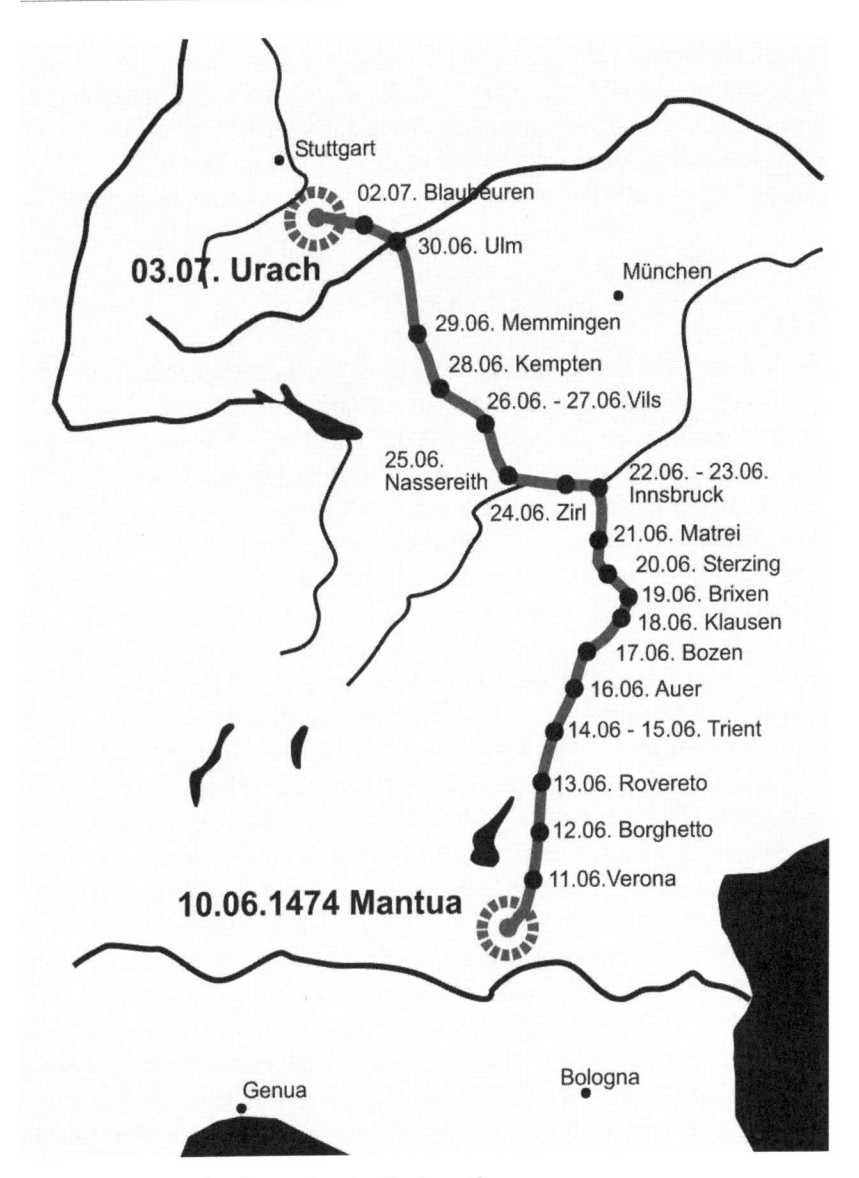

Abb. 7: Der Weg der Brautreise der Barbara Gonzaga.

rückblickend auf die zähen Heiratsverhandlungen um Barbara an seine Mutter: »[…] wenn ich mich an die illustre Madonna Barbara erinnere, die von so einzigartiger Schönheit ist, dass sie mit allen schönen Frauen Italiens zu vergleichen ist, und dennoch haben wir so lange Zeit uns abgemüht, um sie unterzubringen, derart, dass wir sie schließlich dem Grafen von Württemberg geben mussten, so dass man sagen kann, dass es eher eine Zufallspartie war […]« (Brief Nr. 82; Übersetzung: Christina Antenhofer). – Offensichtlich galt der Graf von Württemberg nicht eben als »Glanzpartie« für das Haus Gonzaga, jedenfalls war er der außergewöhnlichen Schönheit der Braut kaum angemessen.

7. Der Hof in Urach

Die junge Barbara Gonzaga war nun also an einem neuen Hof gelandet, sie war jetzt keine umworbene italienische Prinzessin mehr, sondern eine Gräfin in Württemberg – wir erkennen die Parallelität zu Antonia Visconti, die sich in Hinblick auf die politische Situation in Württemberg allerdings deutlich unterscheiden sollte: Die Grafschaft Württemberg war mittlerweile keine aufstrebende Herrschaft mehr, sondern ein geteiltes Land, dessen eine Hälfte Barbara nun gemeinsam mit ihrem Mann von Urach aus regieren sollte. Der Onkel ihres Eberhard, Graf Ulrich V., residierte mit seiner Frau Margarete von Savoyen – Italienerin wie Barbara – im stattlichen Stuttgarter Schloss; ihre Schwiegermutter Mechthild hielt im nahen Rottenburg glanzvollen Hof – eine neue, große Familie, die auch Barbara gespannt erwartete. Die gegenseitige Verständigung fiel freilich zunächst noch schwer: Barbara sprach Italienisch und war auch im Lateinischen gebildet, die deutsche Sprache, zumal in ihrem schweren schwäbischen Akzent, bereitete ihr noch große Schwierigkeiten. Hier mussten wiederum Dolmetscher helfen, zumal ihr Mann Eberhard über das Schwäbische nicht hinauskam.

Aber welche Umstellung für Barbara; das prächtige Hochzeitsfest und der stolze Gatte konnten nicht darüber hinwegtäuschen: Die Sänger für das Hochamt in der Kirche waren beim Pfalzgrafen in Heidelberg ausgeliehen worden, die Organisten stellte der Bischof von Augsburg. Hier standen noch die ritterlichen Turniere im Mittelpunkt der Festlichkeiten, und sogar ihr Bräutigam ließ sich nicht davon abhalten, voller Begeisterung mit zu rennen.

Entsprechend schlicht war der äußere Rahmen des Schlosses wie der kleinen Stadt Urach. Natürlich: man hatte aufgeputzt, aber da war noch viel zu tun und an einen Vergleich mit dem Palazzo ihres Vaters und Mantua nicht zu denken. Nur gut, dass ihr Bruder Rodolfo mit seiner Begleitung noch einige Tage länger blieb, um den förmlichen Verzicht Barbaras auf ihr väterliches Erbe sowie die Huldigung der ihr verschriebenen Städte und Dörfer entgegenzunehmen, deren Einkünfte sie allerdings erst für die Zeit ihrer Witwenschaft in Anspruch nehmen durfte. Und natürlich war da noch ihre italienische Dienerschaft, die bei ihr in Urach bleiben sollte. Als Rodolfo Anfang August mit seinem Gefolge wieder in Mantua eintraf – alle in deutsche Tracht gekleidet – wurde der Ruhm des württembergischen Schwiegersohns und seines Hofes gleichwohl auch in Mantua gefeiert.

Barbara hatte so viel wie möglich aus ihrem häuslichen Umfeld in ihren Brauttruhen und Kästen mit nach Urach gebracht. Allein die Einrichtung, die Mode, die Tischsitten, der höfische Umgang waren doch nach wie vor ganz anders, ganz abgesehen von dem schlichten künstlerischen Ambiente, dem dürftigen geistigen Austausch, den sie hier pflegen konnte. Leider ist ihr Aussteuerverzeichnis weder in Mantua – wo ihre Mutter es wegen der hier aufgezeichneten Reichtümer verstecken ließ – noch in Stuttgart erhalten geblieben, doch können wir in späteren Inventaren einen Großteil ihrer Preziosen wiederfinden. Schmuck und Tafelsilber, Fuß- und Wandteppiche bringt sie mit, Stoffbehänge für Tische, Bänke und Wände, Bettzeug, Kissen und Decken. Und so kunstvoll gearbeitet, in Goldbrokat mit leuchtenden Farben gewirkt, mit Wappen und mitunter mit *welschen bilden* verziert, wie die Kammerdiener staunen. Da finden sich sogar Bilder von Familienangehörigen eingewirkt, großartige Kunst aus den Mantuaner Hofwerkstätten im Umfeld des Mantegna, die im Schwabenland beeindrucktes Erstaunen hervorrufen musste. Barbara richtet sich ein.

Ihr Sekretär und Dolmetscher, Konrad von Hertenstein, berichtet ihren Eltern in Mantua bald freudig von Barbaras Wohlergehen: *Sie helt sich austermassen wol. Wan, wo sý reit oder fert, so lauft das folck als zu, ir gnad zu sehen, und sprechen al gemainlich, das sý nie kain schoner frawen gesehen haben. Meiner frawen gnad Barbare, ewr genaden tochter, reit nast umb im land zu Wirttenberg. Da bas ein hantbergckman di stat Tubing versagt, der ruft meiner frawen gnad Barbare an und sprach: ›O heillige fraw, ich pit ewr gotlich gnad, mir von meim hern von Wirttenberg gnad zu erberberen‹. Der von Wirttnberg reit ewr gnaden tochter an der seiten und lachet des ainfeltign mans und warn ser frollich. Fur war, die leut im land zu Wirttnberg haben meiner frawen gnad Barbare als lib als wer si heillig* (Brief Nr. 85).

Eine Woche später, am 16. August 1474 meldet Hertenstein weiter, dass beide Eheleute gesund und wohlauf sind: *[...] und sein ser frolich. Si peýde essen al tag mitainander und er helt stet ir hant in seiner hant. So sneit man in das prot und di speis auf welisch fur und leben also in grosen frewden. Auch haben sý ainander austermassen libe* (Brief Nr. 87).

Barbara hat sich also bald mit der neuen Situation in der Fremde abgefunden, und da sie auch umgehend schwanger wird, erscheint ihr Leben voller Freude. Doch schildern die Briefe aus Urach auch ernsthafte Ereignisse, die uns mit Barbaras Ansehen in der Bevölkerung wie auch ihrer energischen Persönlichkeit näher bekannt machen. Am 27. April 1475 wird nach Mantua berichtet, dass eine arme junge Frau in Urach ihren Mann, der sehr gewalttätig gewesen sei und vor ihr schon zwei Frauen gehabt hätte, aus Notwehr getötet habe, doch hätten die Richter dieses Entlastungsargument nicht anerkannt (Brief Nr. 141). Daraufhin hätten sich die Frauen von Urach und Umgebung versammelt und ein *capitulo* gemacht. 30 Frauen, darunter acht oder zehn Schwangere, hätten sich an Barbara gewandt und um Hilfe für die inhaftierte Frau gebeten. Barbara sei von Mitleid ergriffen worden und habe die Richter zur Freilassung der Armen bewegen wollen. Als sie damit nichts erreichte, habe sie einen geheimen Boten an Eberhard geschickt, der auf ihren Brief hin die Frau sofort begnadigt habe. Eine erstaunliche Aktion weiblicher Solidarität, ein *capitulo delle donne*, das sich sozusagen mit der schwangeren Landesherrin an der Spitze für die ihrer Ansicht nach unschuldige Delinquentin einsetzt und Erfolg hat.

Barbaras persönliche Vorliebe gilt indes ihrem Garten, denn es gilt, das geliebte italienische Gemüse zu ziehen: Es gibt keinen Spargel in Urach, man möge doch Spargelsamen aus Mantua schicken; aber sie brauche auch Basilikum, Nelken und Rosmarin. Mit ihrem italienischen Gärtner, Frater Epifanio, beschäftigt sie sich mit dem Anbau von *zuche* (Kürbisse), *meloni* (Melonen), *ravanelli* (Radieschen), *verze* (Wirsching) und *latuche* (Salat). Darüber hinaus versucht Barbara auch, gesunde und wohlriechende Wässerchen zu destillieren; sie sei mittlerweile von diesem Frater zu einer *bona medicha* und Kräuterkennerin ausgebildet worden, heißt es (Briefe Nr. 141, 148, 151).

Als ein Jahr nach ihrer Hochzeit, am 2. August 1475, ihre Tochter, ihre »Barbarina«, zur Welt kommt, leuchtet das Glück im Hause Württemberg. Das Töchterchen sollte allerdings bereits nach wenigen Monaten wieder sterben, und weitere Kinder sollten ihr nicht beschieden sein. Die Kinderlosigkeit der Ehe mit Eberhard im Bart hat sich offenbar schwer auf Barbaras Gemüt gelegt und sollte auch die politischen Aktionen ihres Mannes bestimmen, als er nicht mehr mit einem leiblichen Nachfolger rechnen konnte.

Barbara hielt sich nun auch im Kontakt mit ihrer Familie in Mantua sehr zurück. Sie schickte kaum mehr Briefe an Eltern und Geschwister, und als bald auch ihr Vater (1478) und ihre Mutter (1481) und wenig später (1483 bzw. 1484) auch noch ihre älteren Brüder Francesco und Federico starben, versiegte die Korrespondenz fast ganz. Sie fühlte sich damals zusehends *misera e dispreciata* – elend und verachtet – und sprach von ihrer persönlichen *miseria* (Brief Nr. 255 vom 30. Januar 1484).

8. Stuttgart

Eberhard im Bart sollte 1482 mit dem Münsinger Vertrag die Wiedervereinigung Württembergs unter seiner Herrschaft gelingen. Im Frühjahr darauf zog sein Hof von Urach nach Stuttgart um, wo sich Barbara nun neben der Stuttgarter Grafenfamilie Eberhards des Jüngeren neu einzurichten hatte. Allerdings zog sich Barbara offenbar immer stärker vom Hofleben zurück. Ihre intensiv gelebte Frömmigkeit teilte sie mit ihrem Mann, ihre gemeinsamen frommen Werke und Stiftungen, zunächst vor allem für die Amanduskirche in Urach, aber auch die Stiftskirchen in Tübingen und Stuttgart sowie zuletzt zur Gründung des Stifts St. Peter für die Brüder vom gemeinsamen Leben auf dem Einsiedel im Schönbuch, stehen für sich.

Neben ihren frommen Werken treten jetzt auch das profane literarische Interesse wie die künstlerischen Ambitionen der Barbara Gonzaga deutlich hervor. Barbara hatte sicher Gebetbücher bereits aus Mantua mitgebracht und wurde von dort aus auch weiterhin mit Andachtsliteratur versorgt. Aber auch Wissensliteratur regte sie an, so ein selbstgemaltes »Kräuter- und Pflanzenbuch«, das sie zur Hochzeit von dem Bebenhäuser Mönch Johannes Grabisgadius erhielt. Oder eine von dem Tübinger Medizinprofessor Bartholomäus Scherenmüller übersetzte Schrift »Wie sich die kindenden Frawenn in dem geberen der kind halten soellent« – wir denken an Barbaras Kinderlosigkeit. Beide Bücher sind leider nicht mehr erhalten, dafür umso häufiger ihr Gonzaga-Wappen in Allianz mit dem ihres Mannes zum Zeichen ihrer Widmung in anderen Werken.

Man findet Barbara damals häufig auf dem Land. Vielfach besuchte sie das Schloss in Waldenbuch, wo sie auch einen Teil ihres Silbergeschirrs untergebracht hatte, und wohl auch den nahen Hasenhof. Ihre Naturnähe und Verbundenheit mit Pflanzen- und Tierwelt, wie sie auch aus ihren Briefen spricht, findet hier einen besonderen Platz.

Als Eberhard 1495 mit der Erhebung Württembergs zum Herzogtum sein politisches Lebenswerk krönt, steht er – hochgeehrt mit der Goldenen Rose und als Mitglied des Ordens vom Goldenen Vlies – im Zenit seines gesellschaftlichen Ansehens. Im Jahr darauf stirbt er, in der Gewissheit, sein politisches und privates Erbe einem problematischen Nachfolger, seinem Cousin Eberhard II., und dessen diffusem Umfeld überlassen zu müssen.

9. Böblingen

Barbara übersiedelt nun auf ihren Witwensitz in Böblingen. Hier regiert sie ihren eigenen kleinen Hofstaat und versieht auch selbst das dortige Hofgericht. Großen Ärger bereiten ihr die ständigen Streitereien mit dem neuen Herzog Eberhard II., wofür sie sogar rechtliche Hilfe aus Mantua kommen lässt. Ähnlich wie in Urach und Stuttgart, wo Barbara den großen Garten am Alten Schloss neu anlegen ließ, beschäftigt sie sich auch in Böblingen intensiv mit der Gartenpflege.

Von ihren Geschwistern leben damals nur noch ihr Bruder Ludovico, der mittlerweile gewählter Bischof (Elekt) von Mantua ist. Mit ihm wie mit ihrem Neffen Francesco, dem jetzt regierenden Markgrafen, steht Barbara nun wieder in engerem Kontakt. Auch mit dessen berühmter Gemahlin Isabella d'Este wechselt sie ihre Briefe, die von starkem Heimweh nach ihrer Geburtsstadt geprägt sind. Dorthin will sie gerne zurückkehren, um den Rest ihres Lebens im Schoße der Familie zu verbringen – *vivere e morire quel puoco che ce resta cum el sangue mio et fra li mei*, wie sie 1496 schreibt (Brief Nr. 301).

Isabelle d'Este, die damals Mantua zu einem der bedeutendsten kulturellen Zentren Italiens machte, drückt die Freude ihrer Familie über Barbaras beabsichtigte Rückkehr aus, doch Barbara zögert und will auf Anraten ihrer deutschen Freunde erst noch abwarten. Denn die Verhältnisse in Württemberg überstürzen sich: 1498 wird Herzog Eberhard II. von den Landständen und Kaiser Maximilian abgesetzt, und die Bedrängungen gegen sie erledigen sich. Im Böblinger Hof, beschreibt jetzt der Habsburger Chronist Ladislaus Suntheim, *da hellt die fraw Barbara von Mantaw Hof vnnd ist die grösst fraw als sy in teutschen lannden ist von leib vnnd kainer hett nye kain grösser gesehen*. Die schon länger offensichtliche Dickleibigkeit der Barbara Gonzaga sollte damals bereits legendäre Züge annehmen.

Am 30. Mai 1503 stirbt Barbara 47-jährig im Böblinger Schloss. Sie wird wohl auf ihren eigenen Wunsch im Frauenkloster Kirchheim begraben, dem sie noch in ihren letzten Jahren besonders eng verbunden war. Der junge Herzog Ulrich teilt Barbaras Tod ihrem Bruder Ludovico nach Mantua mit, der umgehend die Ansprüche der Familie Gonzaga auf Barbaras Vermögen anmeldet. Der Streit um das Erbe der Barbara Gonzaga entbrennt und bezeichnet auch das vorläufige Ende unserer Geschichte. Die von Barbara so aufwändig vorbereitete Memoria und Gebetsfürsorge sollte nicht lange überdauern.

Als Herzog Ulrich 1534 die Reformation in Württemberg einführt, wird bald auch das Kloster Kirchheim aufgehoben. Die Kirche mit Barbaras Grab wird wenig später abgebrochen, und bereits als man 1551 danach suchen lässt, um Barbara an der Seite ihres Mannes in die Stiftskirche nach Tübingen umzubetten, ist es nicht mehr zu finden. Die übrigen Klostergebäude werden schließlich vom Blitzschlag getroffen und damit sollten auch die letzten Reste ihrer Ruhestätte den Weg alles Irdischen gegangen sein.

Ein fast tragisches Ende einer persönlichen Geschichte, die so glänzend begann: Aber wenn auch das fromme Gebetsgedenken an die Wohltäterin in Urach, Stuttgart oder Kirchheim keine Fortsetzung finden sollte, die Erinnerung an Barbara Gonzaga blieb im Umfeld der württembergischen Hofchronistik lebendig und wurde auch bald schon verklärt. Bis auf die Schriftzeugnisse, das mancherorts noch präsente Gonzaga-Wappen und wenige bildliche Darstellungen ist von ihrem einstigen Reichtum kaum etwas geblieben. Dafür finden wir sie in ihren Briefen und ihrer großartigen Darstellung in Mantua wieder. Aus der kontrastreichen Spannung ihrer Biografie und ihres Nachlebens, aus der besonderen Qualität ihres familiären und künstlerischen Umfeldes und nicht zuletzt aus ihren persönlichen Höhenflügen und Depressionen ist ein tiefgründiger Einblick in ein beispielhaftes Stück italienisch-deutscher Geschichte zu gewinnen, das besonders zum Vergleich mit der Geschichte um Antonia Visconti anregen lässt.

10. Fazit

Die Parallelen in den Schicksalen von Antonia Visconti und Barbara Gonzaga sind sicher deutlich geworden, doch haben die beiden italienischen Prinzessinnen ihren vorgegebenen dynastischen Handlungsrahmen ganz unterschiedlich ausgefüllt. Ihre Hauptaufgabe, für die Nachfolge im Hause Württemberg zu sorgen, hat nur Antonia erfüllt, Barbara hat an diesem Scheitern, ihrer Kinderlosigkeit, bis zu ihrem Lebensende gelitten, und ihr Mann mit ihr. Entsprechend hat sich ihre anfangs so glückliche Aufnahme in Württemberg in Frust und Depression aufgelöst, und nur ihr Mann schien sie noch von ihrer Rückkehr nach Hause, nach Mantua, abzuhalten. Die anhaltende starke Bindung Barbaras an ihre Familie scheint auch bei Antonia beispielhaft auf, bleibt ansonsten aber – aus Mangel an Nachrichten – verborgen.

Die politischen und kulturellen Handlungsspielräume waren bei den beiden Damen allerdings unterschiedlich bemessen: Während Antonia Visconti aufgrund ihrer überreichen Mitgift und Einnahmen eine aktive Rolle bei der Herrschaftsverwaltung der Grafschaft Württemberg zufiel, war Barbaras Einfluss zunächst weitgehend auf repräsentative Aufgaben und diplomatische Vermittlungen zwischen Württemberg und Mantua beschränkt. Beide profilierten sich besonders durch ihre großzügigen Stiftungen an Kirchen und Klöster; bei Barbara tritt ihre persönliche Unterstützung der Klosterreform zum Zeichen ihrer intensiv gelebten Frömmigkeit deutlich hervor. Diese kulturelle Patronage lässt beide als fromme »Landesmütter« ansprechen; ihr persönliches Seelenheil und das ihrer Familie war ihnen ein Hauptanliegen.

Die von Antonia wie Barbara aufwändig vorbereitete Memoria und Gebetsfürsorge sollte allerdings nicht lange überdauern und spätestens mit der Reformation ein abruptes Ende finden. Antonia wurde immerhin im Hause Württemberg bis hin zu ihrem Urenkel Eberhard im Bart mit stolzer Erinnerung geehrt, Barbaras Gedenken sollte auch hier schnell verblassen. Der von den neuzeitlichen Hofchronisten verkündete Mythos um die beiden italienischen Gräfinnen hat sie bald auf ihre äußeren Erscheinungen und persönlichen Vorlieben reduziert und als Mittlerinnen italienischer Hochkultur stilisiert. Dabei sind beide miteinander verschmolzen, die wir doch – bei allen äußerlichen Gemeinsamkeiten – als so unterschiedliche Persönlichkeiten kennengelernt haben. »Bella figura« haben die beiden italienischen Prinzessinnen in Württemberg jedenfalls gemacht, ihre Vermittlung feiner Mode und Küche, herrschaftlicher Architektur, Gartenkunst und Literatur trug bereits zu ihren Lebzeiten reiche Früchte. Mit Antonia Visconti und Barbara Gonzaga kamen also nicht nur kostbare Bräute mit Geld ins Schwabenland, sondern auch kulturelle Innovationen und höfischer Lebensstil, vor allem aber zwei beeindruckende, großherzige Persönlichkeiten, die bereits zu ihren Lebzeiten überwältigende Verehrung fanden.

QUELLEN
Barbara Gonzaga: Die Briefe / Le Lettere (1455 – 1508), bearb. von Christina ANTENHOFER, Axel BEHNE, Daniela FERRARI, Jürgen HEROLD und Peter RÜCKERT. Übersetzung von Valentina NUCERA, Stuttgart 2013.
Bayerische Staatsbibliothek München Clm 6116.
Bibliothèque Nationale Paris, Ms. Nouv. Acq. Lat. 1152, fol. 44v/45r.
Hauptstaatsarchiv Stuttgart A 602 Nr. 32, Nr. 260.

LITERATUR
ANTENHOFER, Christina: Eine Familie organisiert sich: Familien- und Hofstrukturen der Gonzaga im 15. Jahrhundert, in: Peter RÜCKERT (Bearb.): Von Mantua nach Württemberg: Barbara Gonzaga und ihr Hof. Da Mantova al Württemberg: Barbara Gonzaga e la sua corte. Begleitbuch und Katalog zur Ausstellung des Landesarchivs Baden-Württemberg, Hauptstaatsarchiv Stuttgart, Stuttgart ²2012, S. 36–48.
FISCHER, Joachim, AMELUNG, Peter, IRTENKAUF, Wolfgang (Bearb.): Württemberg im Spätmittelalter. Ausstellung des Hauptstaatsarchivs Stuttgart und der Württembergischen Landesbibliothek, Stuttgart 1985.

FLORIAN, Christoph: Graf Eberhard der Milde von Württemberg (1392–1417). Frieden und Bündnisse als Mittel der Politik (Tübinger Bausteine zur Landesgeschichte, Bd. 6), Ostfildern 2006.

FUCHS, Franz: Barbara Gonzaga und Eberhard im Bart. Der württembergische Hof im Spiegel mantuanischer Gesandtenberichte, in: Peter RÜCKERT (Bearb.): Von Mantua nach Württemberg: Barbara Gonzaga und ihr Hof. Da Mantova al Württemberg: Barbara Gonzaga e la sua corte. Begleitbuch und Katalog zur Ausstellung des Landesarchivs Baden-Württemberg, Hauptstaatsarchiv Stuttgart, Stuttgart ²2012, S. 119–131.

HEROLD, Jürgen: Der Briefwechsel Barbara Gonzagas mit ihrer Familie in Mantua, in: Peter RÜCKERT (Bearb.): Von Mantua nach Württemberg: Barbara Gonzaga und ihr Hof. Da Mantova al Württemberg: Barbara Gonzaga e la sua corte. Begleitbuch und Katalog zur Ausstellung des Landesarchivs Baden-Württemberg, Hauptstaatsarchiv Stuttgart, Stuttgart ²2012, S. 132–140.

LORENZ, Sönke, MERTENS, Dieter, PRESS, Volker (Hgg.): Das Haus Württemberg. Ein biographisches Lexikon, Stuttgart 1997.

LORENZ, Sönke: Graf Eberhard im Bart und seine Ahnenprobe. Zur Herrschaftsrepräsentation der Grafen von Württemberg im Spiegel der Heraldik, in: Zeitschrift für Württembergische Landesgeschichte 71 (2012), S. 83–106.

RÜCKERT, Peter (Bearb.): Antonia Visconti († 1405). Ein Schatz im Hause Württemberg. Antonia Visconti († 1405). Un tesoro in casa Württemberg, übersetzt von Franca JANOWSKI, Stuttgart 2005.

RÜCKERT, Peter (Hg.): Der württembergische Hof im 15. Jahrhundert. Beiträge einer Vortragsreihe des Arbeitskreises für Landes- und Ortsgeschichte (Veröffentlichungen der Kommission für geschichtliche Landeskunde in Baden-Württemberg, Reihe B, Bd. 167), Stuttgart 2006.

RÜCKERT, Peter, LORENZ, Sönke (Hgg.): Die Visconti und der deutsche Südwesten. Kulturtransfer im Spätmittelalter (Tübinger Bausteine zur Landesgeschichte, Bd. 11), Ostfildern 2008.

RÜCKERT, Peter: Fürstlicher Transfer um 1400: Antonia Visconti und ihre Schwestern, in: Peter RÜCKERT, Sönke LORENZ (Hgg.): Die Visconti und der deutsche Südwesten. Kulturtransfer im Spätmittelalter (Tübinger Bausteine zur Landesgeschichte, Bd. 11), Ostfildern 2008, S. 11–48.

RÜCKERT, Peter (Bearb.): Von Mantua nach Württemberg: Barbara Gonzaga und ihr Hof. Da Mantova al Württemberg: Barbara Gonzaga e la sua corte. Begleitbuch und Katalog zur Ausstellung des Landesarchivs Baden-Württemberg, Hauptstaatsarchiv Stuttgart, Stuttgart ²2012.

RÜCKERT, Peter: Zur Einführung: Barbara Gonzaga und ihr Hof, in: Peter RÜCKERT (Bearb.): Von Mantua nach Württemberg: Barbara Gonzaga und ihr Hof. Da Mantova al Württemberg: Barbara Gonzaga e la sua corte. Begleitbuch und Katalog zur Ausstellung des Landesarchivs Baden-Württemberg, Hauptstaatsarchiv Stuttgart, Stuttgart ²2012, S. 14–26.

RÜCKERT, Peter: Italienische Bräute am Uracher Hof: Antonia Visconti und Barbara Gonzaga, in: Stadt, Schloss und Residenz Urach: neue Forschungen, hg. von Staatliche Schlösser und Gärten Baden-Württemberg und Klaus Gereon BEUCKERS, Regensburg 2014, S. 27–46.

Rückert, Peter, Bickhoff, Nicole, Mersiowsky, Mark (Hgg.): Briefe aus dem Spätmittelalter: Herrschaftliche Korrespondenz im deutschen Südwesten, Stuttgart 2015.

Schludi, Ulrich: Mailänder Stolz und schwäbische Sparsamkeit – die Heiratsverhandlungen für Antonia Visconti und Eberhard III. von Württemberg in den Jahren 1379/80, in: Peter Rückert, Sönke Lorenz (Hgg.): Die Visconti und der deutsche Südwesten. Kulturtransfer im Spätmittelalter (Tübinger Bausteine zur Landesgeschichte, Bd. 11), Ostfildern 2008, S. 131–152.

Signorini, Rodolfo: Barbara Gonzaga und ihr Bildnis in der »Camera dipinta«, in: Peter Rückert (Bearb.): Von Mantua nach Württemberg: Barbara Gonzaga und ihr Hof. Da Mantova al Württemberg: Barbara Gonzaga e la sua corte. Begleitbuch und Katalog zur Ausstellung des Landesarchivs Baden-Württemberg, Hauptstaatsarchiv Stuttgart, Stuttgart ²2012, S. 59–62.

Spiess, Karl-Heinz: Familie und Verwandtschaft im deutschen Hochadel des Spätmittelalters 13. bis Anfang des 16. Jahrhunderts (Vierteljahrschrift für Sozial- und Wirtschaftsgeschichte, Beihefte Bd. 111), Stuttgart 1993.

INTERNETPRÄSENTATIONEN

Antonia Visconti († 1405) – Ein Schatz im Hause Württemberg,
URL: http://www.landesarchiv-bw.de/web/45087 (13. Oktober 2015).

Von Mantua nach Württemberg: Barbara Gonzaga und ihr Hof,
URL: http://landesarchiv-bw.de/web/52357 (13. Oktober 2015).

Die Herzogswitwe Magdalena Sibylla von Württemberg: Förderin des frühen Pietismus in Württemberg

Von Joachim Kremer

I. Ein *Castrum doloris* als Visualisierung eines Lebensplans

Als die Herzogswitwe Magdalena Sibylla von Württemberg (1652–1712) im Jahre 1712 verstarb, wies die Beschreibung des für sie errichteten *Castrum doloris* (Abb. 1) auf die grundlegenden Eckpunkte ihres Lebens hin: Die personifizierte Zeit ist gerade im Begriff, ihren Namen in die Tafel der Geschichte einzutragen, doch deutet das Innehalten beim Schreiben, also das Unterbrechen des Schreibvorgangs, die Vergänglichkeit an. Der personifizierte Glaube wendet seine Blicke gen Himmel und weist auf das Kreuz des Erlösers. Die in dieser Darstellung erkennbare Konzentration auf den gekreuzigten Christus als dem zentralen Heilsmoment christlichen Glaubens bestimmt die Form des *Castrum*. Sie stellt im Falle der verstorbenen Herzogswitwe eine im Nachhinein erfolgte, zumindest öffentlich verkündete Deutung und Interpretation ihrer Lebenshaltung dar. Das Heilsmoment ist direkt auf Magdalena zu beziehen, denn der Kupferstich des *Castrum doloris* zeigt in der linken unteren Ecke in Ovalform die Titelkupfer der von Magdalena Sibylla verfassten Erbauungsschriften. Und diese Tatsache, die den Nachruhm der Herzogswitwe auch auf ihre literarischen Werke zurückführt, die Ausdruck einer Lebenshaltung waren, hebt die 1712 mitgelieferte Beschreibung ausdrücklich hervor.

Unter den Druckschriften Magdalena Sibyllas findet sich auch ein 1698 erschienenes Erbauungsbuch mit dem Titel *Das mit Jesu gekreutzigte Hertz: oder andächtige Betrachtungen des bittern Leidens und Sterbens unseres Herrn und Heylands Jesu Christi, wie auch der letzten sieben Worte am Kreutz, samt angefügter KREUTZ-PRESSE der glaubigen Seelen* (Abb. 2). Es zeigt eine am Fuße des Kreuzes kauernde Figur, die durch Haartracht und Körperhaltung als Magdalena identifiziert werden kann. Die Darstellung

Abb. 1: Castrum doloris für Magdalena Sibylla von Württemberg.

Abb. 2: Magdalena Sibylla: Geistliche Krancken-Apotheck, Stuttgart 1703, Titelkupfer.

changiert damit beziehungsreich zwischen der biblischen Maria Magdalena und der herrschaftlichen Autorin dieses Buches. Und dass es sich wirklich um eine aktuelle Bezugnahme auf den württembergischen Kontext handelt, legt die Topographie der Szenerie nahe: Das Kreuz ist nämlich im Umfeld des Stuttgarter Schlosses errichtet und die Türme der Stiftskirche sowie die umgebenden Weinberge lassen zweifelsfrei erkennen, dass es sich um eine Stuttgarter Magdalena handelt. Eine solche Selbstinszenierung ist für den frühen Pietismus typisch, und die im Kupferstich erkennbare Körperhaltung weist auf Charakteristisches hin, nämlich auf eine Frömmigkeitspraxis: Die nach dem Tod der Herzogin verfassten und publizierten *Personalia*, also eine Lebensbeschreibung der verstorbenen Herzogin, heben ausdrücklich diese beim Gebet eingenommene Haltung hervor: *Wer das außerordentliche Glücke gehabt / Sie im besondern auf ihren Knien ligend zu sehen / und als zu GOTT ruffend zu hören / der weiß hieran ohne innigste Hertzens-Bewegung nicht zu gedenken.*

Die auf Magdalenas Tod gehaltenen Leichenpredigten weisen zudem auf die Hinwendung auf Christus und den Gedanken der Erlösung hin. Sie heben die vielen möglichen Anfechtungen hervor, denen auch eine fürstliche Person ausgesetzt gewesen sein konnte; insbesondere sprechen sie *von den Lüsten der Edlen / von der Flatterie der Bedienten / und den Reitzungen des Fleisches*. Allen habe die Herzogin erfolgreich widerstanden und habe sich demnach an Christus ein Vorbild genommen. Damit erscheint Magdalena Sibylla als eine Verkörperung einer Idealvorstellung, die um 1700 nicht nur in Württemberg große Bedeutung hatte: Ein tugendhafter, durchaus vom Leid gezeichneter Lebenswandel diente als Beispiel dafür, wie man den Anfechtungen des Teufels widerstehen könne. Und dass dieser Lebenswandel beschrieben und in der Öffentlichkeit dargestellt wurde, zeigt ein Anliegen des frühen Pietismus, das in der anekdotisch anmutenden Sammlung von Begebenheiten aus dem Leben vieler bekannter und unbekannter Personen verwirklicht wurde, in dem Typus der sogenannten Bekenntnisbiographie. Der Pastor, Lehrer und Übersetzer Johann Henrich Reitz publizierte zwischen 1698 und 1745 in seiner *Historie Der Wiedergebohrnen* zahlreiche solcher Begebenheiten. Bereits ab 1700 ist dieser Biographientypus nachweisbar, und zwar mit Gottfried Arnolds *Vitae Patrum* (Halle 1700) und *Das Leben Der Gläubigen Oder Beschreibung solcher Gottseligen Personen, welche in denen letz-*

ten 200 Jahren sonderlich behandelt worden (Halle 1701). Mit der sukzessiven Publikation von Reitzens *Historie Der Wiedergebohrnen* wurde indes ein »Klassiker für die literarische Gattung christlicher Biographien« geschaffen, der in sechs weiteren Auflagen eine enorme Verbreitung erfuhr. Diese Lebensbilder wurden – wie Hans-Jürgen Schrader, der Herausgeber einer modernen Edition der *Historie der Wiedergebohrnen* zusammenfasst – »zum vielkopierten Muster für die gesamte Geschichte der pietistischen Sammelbiographien [...] Sie alle wollten [...] den Nachweis eines fortdauernd unmittelbaren göttlichen Werbens und Gnadenwirkens in der Welt und im menschlichen Herzen erbringen und zur Nachfolge ermutigen«.

In dieser Sammlung gibt es ein besonders drastisches Beispiel vom württembergischen Hof: Es datiert aus der Lebenszeit Magdalena Sibyllas und weist auf die frömmigkeitsgeschichtlichen Haltungen und auf die daraus resultierenden Probleme hin. Der dem radikalen Pietismus zuzurechnende Mediziner Johann Samuel Carl berichtet dort von *Einem frommen Jüngling (der sich in der hypochondrischen Kranckheit theils vom Gnadenzug Gottes, theils von feindlicher Beängstigung, überworffen sahe, daß er in äussersten Zweifel an seiner Seligkeit gerieth, weil er vormittags mit Singen Gott gedient, und nachmittag mit seiner Musik in der Opera dem Teuffel ein Opffer gebracht, und einmal in der Angst in Verstands-Verwirrung kam, dass er sich in [den] Hals stach, davon er eine hitzige Kranckheit bekommen, und in hertzlicher Buß gestorben* ist. Die anlässlich dieses tragischen Todesfalls gehaltene Predigt des Stuttgarter Stiftspredigers Reinhard Hedinger schildert die Begebenheit aber weit ausführlicher und belegt, wie sehr der arme Musiker namens Philipp Gottfried Weydner am Zwiespalt litt, den die höfisch-repräsentative Musik der Oper und die geistliche bzw. liturgische Musik auf der anderen Seite aufreißen konnte. Weydner war nämlich dieser Predigt zufolge nach und nach in eine *Blödigkeit* und *Melancholie*, zuletzt auch in eine *Raserey* verfallen. Mit diesen Begriffen haben die Zeitgenossen Zustände bezeichnet, die eindeutig krankhafte Symptome benennen, vielleicht Epilepsie oder andere psychische Krankheiten.

Da Hedinger ja von Magdalena Sibylla nach Stuttgart vermittelt worden war, kann sie als die Förderin frühpietistischen Gedankenguts gelten. Als direkter Ausdruck können sicher ihre geistlichen Dichtungen gelten, die auch über ihren Tod hinaus vor allem in Württemberg Verbreitung gefunden haben.

Als Förderin, Initiatorin und Gedankengeberin ist sie aber auch für andere Projekte bedeutsam gewesen, in ganz besonderer Weise in Stetten im Remstal, wo sie die Ausgestaltung der dortigen Kapelle ihres Witwensitzes mit zahlreichen Emblemen in Auftrag gab. Bis heute kann dort dem Ineinanderwirken von Bild, Dichtung, Biographie und Lebenshaltung nachgesonnen werden. Und im Spannungsfeld »Oper gegen Kirche«, das im frühen 18. Jahrhundert nachdrücklich verhandelt wurde, wirkte sie mit ihren geistlichen Liederdichtungen und vor allem den von ihr gesammelten Drucken geistlicher Kompositionen auch in die württembergische Musikgeschichte, ohne jemals selbst kompositorisch tätig gewesen zu sein.

2. Die Vita der Magdalena Sibylla

Magdalena Sibylla wurde 1652 als erstes Kind Ludwigs VI. von Hessen-Darmstadt geboren und kam nach dem frühen Tode ihrer Mutter Maria Elisabeth von Holstein-Gottorp im Jahre 1665 an den Hof ihrer Tante, der schwedischen Königswitwe Hedwig Eleonora (1636–1715). Anlässlich eines Besuchs des württembergischen Erbprinzen Wilhelm Ludwig (1647–1677) erfolgte die Verlobung mit ihm und am 6. November 1673 heirateten beide in Darmstadt. Die Heimführung nach Württemberg erfolgte am 12. Februar 1674. Schneller als erwartet, nämlich noch im Jahr der Hochzeit, starb ihr Schwiegervater Herzog Eberhard III. von Württemberg und das junge Paar wurde unversehens zum regierenden Herzogspaar. Und ein weiterer Unglücksfall traf Magdalena Sibylla bald darauf, als im Juni 1677 ihr Ehemann unvermutet starb. Der Thronfolger Eberhard Ludwig war damals noch kein Jahr alt, und Kaiser Leopold I. sprach die Obervormundschaft dem jüngeren Bruder des Herzogs, Friedrich Karl von Württemberg-Winnental, zu. Magdalena Sibylla wurde die Mitvormundschaft übertragen. Vor allem die Bedrohung durch französische Truppen im Pfälzischen Erbfolgekrieg beeinträchtigte damals das Herzogtum: 1688 musste Friedrich Karl infolge der akuten Bedrohung mit seinem Neffen sogar nach Nürnberg fliehen. Magdalena Sibylla soll damals den *Personalia* zufolge mit dem General Marquis de Feuquieres *mit so durchdringender Vernunft* verhandelt haben, dass dieser nur *eine grosse Veneration haben* musste, also eine große Verehrung. Dadurch wurde Stuttgart und das ganze Land vor weiteren Verwüstungen bewahrt. Die 1712 publizierten *Personalia* heben auch hervor, dass sie *als eine Regentin das Regiment in Abwesenheit Deß Durchläuchtigsten Herrn Administratoris zum allgemeinen Heyl deß Landes mit [...] Wachsamkeit und Eifer preiswürdigst und klüglich geführet* habe. Im September 1692 geriet Magdalenas Schwager und Vormund Friedrich Karl in der Schlacht bei Ötisheim in Gefangenschaft. Nach seiner Freilassung im Februar 1693 waren die Karten aber neu gemischt: Die Volljährigkeitserklärung seines Neffen Eberhard Ludwig war inzwischen auf Betreiben der Landstände und Magdalena Sibyllas durch Kaiser Leopold erfolgt, doch verlor Magdalena Sibylla unter der Regentschaft ihres Sohnes offensichtlich an Einfluss und zog sich immer stärker auf ihre Witwensitze nach Kirchheim und insbesondere nach Stetten zurück. Spätere Darstellungen vermerken, wie sehr sich ihre Lebensführung von der ihres Sohnes und seiner Liebe sowohl zu einer repräsentativen Stadt- und Schlossgründung wie auch zu seiner Maitresse Wilhelmine von Grävenitz unterschied. Die Existenz der Maitresse von Grävenitz scheint diese Tendenz keineswegs verstärkt zu haben, denn sie wurde ja erst 1705 am Hofe eingeführt und zu diesem Zeitpunkt lag der dichterische Output der Herzogswitwe bereits vor. Er war weitgehend zwischen 1680 und 1703 entstanden. Keinesfalls kann man aber die gesamte Lebenszeit der Magdalena Sibylla auf eine pietistische Abkehr von der Welt reduzieren, denn 1681 wurde ihr zu Ehren ein Ballett mit dem Titel *Atlas* aufgeführt. Schon zu ihrer Eheschließung war das Singspiel *Lavinia* aufgeführt worden, 1699 wurde ihr zu Ehren das Singspiel *Der In seine Freyheit vergnügte Alcibiades* gegeben, möglicherweise in der Vertonung durch Agostino Steffani, wie sie 1697 in Hamburg und ca. 1700 in Braunschweig zur Aufführung kam. Und in der Bibliothek Magdalena Sibyllas befand sich dem erhaltenen Katalog zufolge auch eine Ariensammlung des Kapellmeisters Johann Sigismund Kusser, die aus seiner Oper *Ariadne* zusammengestellt und unter dem Titel *Heliconische Musenlust* veröffentlicht worden war.

Eine dem *Castrum doloris* beigefügte Beschreibung der Emblemata deutet Magdalena Sibyllas Lebensweg im Sinne einer Gottgefälligkeit: So bewältigte sie den Tod des Gatten durch ihre *Gebetts-Thränen*, die ähnlich wie ein Regenbogen das hiesige und das jenseitige Leben verbinden, und die *gefährlichen Zeiten*, in die

Abb. 3: Ausschnitt der Gluck-Henn aus dem Castrum doloris.

die Administration des Herzogtums fiel, sollen von ihrer *Weißheit, Gerechtigkeit und Frommheit* profitiert haben. Insbesondere wird ihres dreimaligen Einsatzes im Verlauf des Pfälzischen und Spanischen Erbfolgekrieges zum Wohle des Landes im Jahre 1688, 1693 und 1707 gedacht und mit dem Beschützerinstinkt einer »Gluck-Henne« verglichen (Abb. 3). In eigentümlicher Weise sollte sich also 1712 jene Wehrhaftigkeit erfüllt haben, die bereits anlässlich der Eheschließung der jungen Landgrafentochter in einem 1674 gedruckten Singspiel besungen worden war. Damals hatte der aus Memmingen stammende Theologiestudent Michael Schuster (1649–1693) ein Singspiel (damals *Freuden-Spil* genannt) mit dem Titel *In der Frembde erworbene Lavinia* verfasst, das in der Stuttgarter Residenz durch die württembergischen Hofmusiker aufgeführt worden war. Der heute erhaltene Druck des Librettos verschweigt leider den Namen des Komponisten, lässt aber erkennen, dass es sich bei dem Stück um ein auf den Anlass und die Herkunft abgestimmtes Gelegenheitswerk gehandelt hat: Venus, Cupido, Meer-Nymphen, Sirenen, die eine Arie singende Sibylle aus Cumae und Aenaes sind nur einige der mythologischen Personen, die auftreten und so dem Bildungsanspruch der höfischen Elite gerecht werden. Und eine Arie des »Schluß-Redners« mit Chorrefrain formuliert die guten Wünsche: *Lebet vereinigte Häuser beglücket [...] Lebet / und Ewre Feind muthig erthrücket!*

3. Magdalena Sibylla und die Förderung frühpietistischer Musikauffassung

Angesichts der unvorhersehbaren und plötzlichen Todesfälle in der Familie Magdalena Sibyllas bekam ihr Lebensweg mehrfach eine entscheidende Wendung. Dies war schon beim Tod ihrer Mutter der Fall, dann beim unvorhergesehenen Tod ihres Schwiegervaters und letztlich in besonderem Maße beim frühen und plötzlichen Tod ihres Ehemanns. Es ist ungewiss, ob diese Unglücksfälle, zu denen auch die mehrfache Bedrohung des

Herzogtums Württemberg durch französische Truppen kam, die Ursache für die tiefe Frömmigkeit der Herzogin waren oder diese noch verstärkt haben. Jedenfalls scheint die Ausbildung dieser tiefen Frömmigkeit und das Interesse an der Passion Christi wesentlicher Motor ihres literarischen Handelns und ihres Selbstverständnisses gewesen zu sein und sie fügen sich zu dem Lebensweg. Diese Stimmigkeit bestimmt auch den Duktus der Leichenpredigt, die ihre Ausrichtung auf Gott auch für den Moment des Todes dokumentiert. Nach vielem Beten und Singen soll Magdalena in der Stunde ihres Todes *eine ausserordentlich schöne und angenehme Music gehöret* haben, deren Herkunft nicht zu klären war, die aber als *ein Stück deß von Gott Ihro gegönnten Vorschmacks des ewigen Lebens und eine Annäherung der unter vielem himmlischen Zujauchzen Sie empfangenden heiligen Engeln* verstanden wurde. Damit ist ein musikgeschichtliches Thema erkennbar, denn Musik und insbesondere das Singen gehörten zur Lebenswirklichkeit Magdalena Sibyllas und der pietistischen Frömmigkeitskultur. Sie hat in ihr als eine Frömmigkeitspraxis einen unverzichtbaren Platz, aber ihr musikalischer Blick geht mit dem Singen von Liedern bis zu ihrem Tode offenbar stets vom Text aus. Nicht als Komponistin, aber als produktive Liederdichterin, als Autorin verschiedener Erbauungsschriften und eines Gesangbuches war sie tätig und ihre Autorität war mit einer Lebenshaltung verbunden, die auch nach außen getragen wurde: Nach der Schlacht bei Ötisheim im September 1692 verordnete sie einen Buß- und Bettag, bei dem die frühpietistischen Pastoren zur Buße aufriefen. Die Publikation ihrer Erbauungsschriften und ihre sich darauf gründende Bekanntheit stellen ebenfalls Momente einer solchen in die Öffentlichkeit getragenen Haltung dar. Magdalena Sibylla kann aufgrund dieser Eigenschaft als geistlicher Kristallisationspunkt im Herzogtum Württemberg um 1700 gesehen werden. Eine von ihr gedichtete, in den *Personalia* wiedergegebene und bei Ihrem Begräbnis von der Hofkapelle gesungene »Leichen-Arie« bringt zum letzten Mal dieses, für uns heutige Menschen zwiespältige Verhältnis zur Welt zum Ausdruck, indem sie als Quelle von Leid betrachtet wird, aus dem eine gewisse Weltflucht resultiert:

Es bleibt in meinem Sarg verschlossen und vergraben,
was heimlich in der Seel' mich mag gequälet haben /
Die Welt war meiner müd / ich vielmehr deiner Welt /
Dir war ich eine Last / und du hast mich gequält.

QUELLEN

I. Geistliche Dichtungen Magdalenas Sibyllas:

Christliche Betrachtung der betrübten Zeit, und freudenvolle Ewigkeit: aus unterschiedlichen Trauer- und Todts-Gedichten, auch Andächtigen Abhandlungen, von Dem Zustand künfftiger Dinge, nach diesem Irrdischen Leben in Zweyen Theilen beschrieben Und mit Geistlichen Sinnbildern gezieret, Von Einer Gott-liebenden Seelen, Nürnberg 1680.

Gott geweyhtes Andachts-Opffer, Darinn eine Gott gelassene Seele sich Ihrem Jesu tägllich: Morgens, Mittags und Abends, in heißter ANDACHTS-GLUT, mit Gebett und Liedern demütigst aufopffert, Stuttgart 1690.

Das mit Jesu Gekreutzigte Hertz Oder andächtige Betrachtungen Des bittern Leidens und Sterbens unsers Herrn und Heilandes Jesu Christi: Wie auch der Siben letzten Worte am Kreutz: samt angefügter Kreutz-Presse der glaubigen Seelen[…], Stuttgart 1698.

Geistliche Krancken-Apotheck: Das ist Christliche und Schrifftmäßige Unterweisung, wie Krancke und Sterbende ihr […] Creutz geduldig tragen […] können, Stuttgart 1703.

Gottgeweyhtes Andachtsopffer […], Stuttgart ²1706.

Editionen nach 1712:

Magdalena Sybilla: Das mit Jesu Gekreutzigte Hertz […], hg. von Johann Benedict Metzler und Christoph Erhardt, Stuttgart 1714.

Gott-geweyhtes Andachts-Opffer […], Stuttgart [ca. 1722].

Das mit Jesu Gekreutzigtes Hertz […], Stuttgart 1732.

Gottgeweyhtes Andachts-Opffer, Stuttgart 1746.

II. Weitere zeitgenössische Texte:

ANONYM: Hochfürstliche *Personalia*, So nach gehaltener Predigt verlesen werden, in: Christian BALZ, Joseph MALBLANC, u. a.: Christ-Fürstliches Ehrengedächtniß der Weiland Durchläuchtigsten Fürstin und Frauen/ Frauen Magdalena Sibylla, Hertzogin zu Würtemberg und Teck, Gräffin zu Mömpelgart, Frauen zu Heydenheim etc. Wittwen: Gebohrner Landgräffin zu Hessen, Fürstin zu Hersfeld […] zu […] Höchst-schuldigstem Nachruhm auffgerichtet, Stuttgart [1712].

HEDINGER, Johann Reinhard: Schrifftmässiger Unterricht an die Gemeinde Gottes, wie man so wol Die Schwermuth und tieffe Traurigkeit Der Gläubigen, als auch Und fürnehmlich die öffters mit eingeflochtene hohe und geistliche Anfechtung deroselben, Klüglich und ohne Verletzung der Liebe beurtheilen solle […], Stuttgart 1702.

LITERATUR

BRECHT, Martin: Herzogin Magdalena Sibylle und die Frömmigkeit ihrer Zeit, in: Schwäbische Heimat 26 (1975), S. 21–31.

KREMER, Joachim: Pietistisches Bekenntnis und öffentliche Repräsentation. Musik zum Begräbnis der Herzogswitwe Magdalena Sibylla von Württemberg (1712), in: Katharina HOTTMANN, Christine SIEGERT (Hgg.): Feste – Opern – Prozessionen. Musik als kulturelle Repräsentation (Jahrbuch Musik und Gender, Bd. 1), Hildesheim u. a. 2008, S. 45–59.

KREMER, Joachim: »Von dem Geschlecht deren Bachen«. Kommentierte Quellen zur Musikerbiographik des frühen 18. Jahrhunderts, Neumünster 2014.

LEHMANN, Hartmut: Pietismus und weltliche Ordnung in Württemberg vom 17. bis zum 20. Jahrhundert, Stuttgart u. a. 1969.

LIESKE, Reinhard: Protestantische Frömmigkeit im Spiegel der kirchlichen Kunst des Herzogtums Württemberg (Forschungen und Berichte der Bau- und Kunstdenkmalpflege in Baden-Württemberg, Bd. 2), München 1973.

SCHÖLLKOPF, Wolfgang: Johann Reinhard Hedinger (1664–1704). Württembergischer Pietist und kirchlicher Praktiker zwischen Spener und den Separatisten (Arbeiten zur Geschichte des Pietismus, Bd. 37), Göttingen 1999.

»Unter Königen erwarb sie sich einen großen Namen.« Karoline Kaulla aus Hechingen – die erste Unternehmerin in Südwestdeutschland

Von Benigna Schönhagen

Gender Studies gehören heute selbstverständlich zur historisch-kulturwissenschaftlichen Forschung. Dass es gleichwohl in diesem Bereich noch viele Lücken gibt, zeigen nicht zuletzt die im Rahmen dieser Ringvorlesung vorgestellten Frauen: Fürstinnen, Prinzessinnen Herzoginnen, Äbtissinnen… Es sind keine Durchschnittsfrauen, die hier in den Blick genommen werden, sondern weibliche Ausnahmegestalten, in der Regel Herrscherinnen, denen ihr dynastischer Rang oder ihre geistliche Funktion andere Handlungsspielräume eröffneten als der Masse ihrer nichtadeligen Geschlechtsgenossinnen, wenngleich auch ihre Möglichkeiten eingeschränkt waren. Auch die Frau, die ich Ihnen vorstelle, war gleich in mehrfacher Beziehung eine Ausnahmegestalt: Karoline Kaulla aus Hechingen. Sie behauptete als Frau eine Spitzenposition in dem von Männern dominierten Bereich der Wirtschaft; sie erlangte als Angehörige einer religiösen Minderheit Ansehen und Einfluss auf die Politik des Landes, sie erwirtschaftete als Hoffaktorin ein Vermögen, das sie zur reichsten Frau innerhalb der jüdischen Wirtschaftselite machte; sie schlug als Jüdin am Vorabend der Emanzipation eine Brücke zwischen der Welt des christlichen Hofs und der Welt der jüdischen Gemeinde. Karoline Kaullas Biografie eignet sich also wenig, um generalisierende Aussagen über die Handlungsräume von Frauen im 18. Jahrhundert zu treffen. Sie ermöglicht aber Einblicke in die Lebensbedingungen von Juden in der Frühen Neuzeit im Bereich des deutschen Südwestens, beleuchtet innerjüdische Modernisierung in der Umbruchszeit vom Ende des Alten Reichs zum bürgerlichen Zeitalter und präzisiert unsere Kenntnisse von den Anfängen der Emanzipation der Juden in Württemberg.

Hoffaktoren in der Forschung

Lange Zeit wurden »Hofjuden« und die Rolle, die sie an den europäischen Fürstenhöfen des 17. und 18. Jahrhunderts spielten, nur als ein Phänomen des absolutistischen Staats betrachtet. Sie wurden als ein Beitrag zu dessen Finanzpolitik beschrieben, ohne dass nach der innerjüdischen Perspektive gefragt wurde. Viele dieser Arbeiten waren nicht frei von antisemitischen Vorurteilen. So prägte und verfestigte das sechsbändige Werk von Heinrich Schnee (1895–1968) *Die Hochfinanz und der moderne Staat*, das dieser in der NS-Zeit begonnen hatte, aber erst zwischen 1956 und 1967 veröffentlichte, das verbreitete negative Stereotyp von den Hofjuden als angeblich verschlagenen jüdischen Geldleihern. Davon ist auch seine 1963 in den *Lebensbildern aus Schwaben und Franken* veröffentlichte Biografie der Madame Kaulla nicht frei. Die quellengesättigte Monografie über »die Hofjuden«, die die jüdische Historikerin Selma Stern ebenfalls bereits in den 1930er Jahren begonnen hatte, aber erst 1950 im amerikanischen Exil vorlegen konnte, wurde dagegen erst 2001 ins Deutsche übersetzt und daher kaum rezipiert. Wesentliche Anstöße gab hingegen das zwischen 1994 und 1999 von Rotraut Ries und Friedrich Battenberg im Rahmen des DFG-Forschungsprojekts »Wandlungsprozesse im Judentum durch die Aufklärung« durchgeführte Teilprojekt »Akkulturation der jüdischen Wirtschaftselite«. Es markiert einen Perspektivenwandel. Seiner umfassenden kulturwissenschaftlichen Fragestellung und seinem kommunikationstheoretischen Ansatz sind vielfältige Differenzierungen des Phänomens »Hofjuden« unter geografischen, quantitativen, generationellen und innerjüdischen Gesichtspunkten zu verdanken. Diese haben den Zusammenhang von Ökonomie, kulturellem Wandel und jüdischer Moderne deutlich gemacht und damit die Grundlage für nun anstehende vergleichende Arbeiten gelegt. Auch die folgenden Ausführungen folgen dem integrativen Ansatz, der jüdische Geschichte als Teil der allgemeinen Geschichte, in diesem Fall der württembergischen Landesgeschichte versteht.

Die Herkunft der Madame Kaulla

Am 18. März 1809 trug die jüdische Gemeinde von Hechingen Chaile Bat Raphael auf dem jüdischen Friedhof unter dem Galgenberg zu Grabe. Nach jüdischem Brauch wurde der Grabstein nach Ablauf eines Jahres gesetzt. Seine Gestalt erlaubt uns mehrere Aufschlüsse über die Verstorbene. (Abb. 1) Es ist kein schlichter Stein, wie es traditionellen jüdischen Vorstellungen von der Gleichheit im Tod entsprochen hätte, sondern ein auffallendes, geradezu pompöses Grabmonument, das Karoline Kaulla, so der deutsche Name, gesetzt wurde: Auf einem getreppten Aufbau erhebt sich ein klassizistischer Sarkophag aus Marmor, der von einer Urne gekrönt wird, die nicht jüdischer Ikonographie, sondern dem Formenschatz antiker Mythologie entstammt. Nur die Buchstaben der sich über Vorder- und Rückseite hinziehenden hebräischen Inschrift stellen den Zusammenhang zum Judentum her. Die vordere Inschrift lautet übersetzt: »Hier ruht ein Weib, die groß in ihrem Volke, groß in ihrem Vaterlande ge-

Abb. 1: Das Grabmonument von Chaile Kaulla auf den jüdischen Friedhof in Hechingen.

wesen.« Charakterisiert wird damit eine Frau, die kurz vor ihrem Tod von Kaiser Franz II. die große *Civil-Verdienst-Medaille* mit goldener Kette erhalten hatte und von der es in einem Nachruf heißt, dass sie »neben den Fürsten der Völker« gesessen habe.

Chaile Kaulla stammte als Tochter eines Hofjuden aus der wirtschaftlichen Elite der jüdischen Oberschicht. Sie stieg als Hoffaktorin aus dem hohenzollerischen Kleinstaat in die jüdische Wirtschaftselite der Region auf, baute systematisch eines der führenden Großunternehmen in Südwestdeutschland auf und wurde als »Madame Kaulla« weit über Süddeutschland hinaus berühmt. Anfangs stand sie in Diensten des Donaueschinger Hofs, dann des Fürsten von Hohenzollern-Hechingen, schließlich des Herzogs und später des Kurfürsten und dann Königs von Württemberg. Während der napoleonischen Kriege versorgte die Hechinger Großunternehmerin die gesamte Reichsarmee mit Pferden und Proviant. Als »Hofbanquierin und Chef des Wechsel- und Handelshaus Kaulla in Stuttgart« wurde sie zur reichsten Frau Deutschlands. Immer aber blieb sie ihrer Religion und ihrer Hechinger Gemeinde verbunden, in der sie den größten Teil ihres siebzigjährigen Lebens verbrachte.

Die außergewöhnliche Bedeutung dieser Frau zeigt sich nicht zuletzt am Umgang mit ihrem Namen: Ihr jüdischer Vorname Chaile, der von dem hebräischen Wort für Leben *Chaim* abgeleitet wird, wurde, wie es bei assimilierten Juden üblich war, den Namensgewohnheiten der christlichen Umgebung angepasst. Aus Chaile wurde Karoline oder Karola und das wurde zu Kaule oder Kaulla verkürzt. In dieser Form wurde ihr Vorname auf die gesamte Firma übertragen. Auch ihr Mann und ihre Kinder übernahmen den Namen. Selbst die Schwiegersöhne, die alle in das Geschäft eintraten, führten ihn als Familiennamen. Es ist, soweit ich sehe, der einzige Fall, dass im aschkenasischen Kulturkreis eine Frau zur Namensgeberin einer ganzen Familie wurde.

Ich werde im Folgenden den Lebensweg dieser erstaunlichen Frau skizzieren und dabei auf drei Themenkreise näher eingehen: 1. Die Situation der Juden in Südwestdeutschland im 18. Jahrhundert, also in einer späten Phase des Landjudentums; 2. die Funktion und Rolle der Hoffaktoren am Beispiel der Karoline Kaulla und 3. deren Beitrag zur Modernisierung des Judentums vor dem Hintergrund des politischen und gesellschaftlichen Wandels zu Beginn des 19. Jahrhunderts, also dem Beginn der jüdischen Emanzipation oder anders ausgedrückt den »Eintritt der Juden in die Gesellschaft«, die damals mehrheitlich eine christliche war und sich anschickte, eine bürgerliche zu werden.

Das Landjudentum

Die Frage nach Chaile Raphaels Herkunft führt hinein in die Welt des süddeutschen Landjudentums, wie es sich nach den Ausweisungen aus den meisten Reichsstädten und allen größeren Territorien seit dem Ende des 15. Jahrhunderts, verstärkt seit dem Ende des Dreißigjährigen Krieges, gebildet hatte. 1739 wurde Chaile in Buchau am Federsee geboren. Damals lebten an die 600 Juden in der kleinen Reichsstadt. Buchau bildete eine der wenigen Inseln in der Vertreibungswelle am Ausgang des Mittelalters. Hier war die jüdische Bevölkerung nur vorübergehend und nicht dauerhaft ausgetrieben worden und bildete deshalb in der Mitte des 18. Jahrhunderts mehr als ein Viertel der Einwohnerschaft. Die Buchauer Juden lebten unter dem Schutz der Stiftsdamen. Teils auf deren Befehl, teils aus religiösen Gründen bewohnten sie einen abgegrenzten, ihnen zugewiesenen Bezirk der Stadt, der geprägt war von ihrer eigenen Kultur, von ihrem eigenen, dem jüdischen Festjahr folgenden Kalender und ihrer eigenen Sprache, dem »Judendeutsch«.

Chaile wurde als ältestes Kind in eine wohlhabende Familie dieser Kleinstadt hineingeboren. Ihr Vater, Raphael Isaak ben Benjamin (1713–1759), war »Hofagent« des Fürsten von Hohenzollern-Sigmaringen und stand gleichzeitig der jüdischen Gemeinde Buchau als »Parnas« vor. Als solcher war er für die Verwaltung und interne Rechtsprechung in der Kehilla, der jüdischen Gemeinde, verantwortlich und musste diese gegenüber dem Schutzherrn vertreten. Zugleich vertrat er als »Landesvorsteher der Juden in Haigerloch« auch seine Glaubensgenossen in dem dritten hohenzollerischen Teilterritorium, das 1767 wieder an das Haus Hohenzollern-Sigmaringen fiel. Raphael Isaak muss über ein gewisses Vermögen verfügt haben, denn die Parnassim waren in der Regel mit ihrem privaten Vermögen für das Aufbringen der Judensteuer und die Abgaben der gesamten Gemeinde haftbar.

Die jüdische Gemeinde von Buchau gehörte damals zu den bedeutenderen Judengemeinden in Schwaben. Dank der Dauer ihrer Ansiedlung und vergleichsweise günstiger Schutzverträge lebten sie nicht in der prekären Armut und Vereinzelung vieler jüdischer Niederlassungen auf dem Land, sondern verfügten über eine beachtliche Infrastruktur, die es ihnen erlaubte, ihre religiöse und kulturelle Eigenheit zu wahren. Alle für ein jüdisches Gemeindeleben notwendigen Einrichtungen waren vorhanden: Ein Friedhof und eine private Betstube bestanden seit Mitte des 17. Jahrhunderts. 1731, nur wenige Jahre vor Chailes Geburt, war der erste Synagogenbau errichtet, wenig später eine jüdische Schule gebaut worden. Auch Chailes Mutter, Rebecca Wassermann, stammte aus einer Hoffaktorenfamilie. Sie nannte sich nach ihrem Herkunftsort Regensburger. Chailes Eltern gehörten also zur jüdischen Oberschicht.

Ein Blick auf die historische Landkarte zeigt, dass es damals im territorial zerstückelten und nicht geschlossenen Südwestdeutschland solche Landjudengemeinden in auffallender geographischer Verteilung gab: in Jebenhausen an der Fils, um Horb am oberen Neckar, in Hechingen und Haigerloch, im oberschwäbischen Buchau und Laupheim sowie in Buttenhausen auf der Schwäbischen Alb. Mit Ausnahme der zwei hohenzollerischen Gemeinden finden sich jüdische Gemeinden damals also nur in kleinen niederadligen, meist reichsritterschaftlichen Gebieten. Das Herzogtum Württemberg hatte nämlich schon mit der Regimentsordnung von 1498 alle Juden außer Landes gewiesen und sich darum bemüht, wie Stefan Lang in seiner Arbeit über *Judenpolitik und jüdisches Leben in Württemberg und im »Land zu Schwaben«* 2008 nachweisen konnte, auch die Ansiedlung von Juden in seinen Nachbarterritorien zu verhindern. So kam es im Laufe des 16. Jahrhunderts auch zu Austreibungen von Juden aus dem Gebiet der Hohenberger. Nur in den hohenzollerischen Territorien, in Hechingen und Haigerloch gab es noch größere jüdische Niederlassungen.

Das Leben der Juden in den kleinen Gemeinden auf dem Land zeichnete sich durch große Rechtsunsicherheit und einen hohen Grad an erzwungener Mobilität aus, aber auch durch Traditionstreue und das Festhalten an überlieferten religiösen Bräuchen und Gewohnheiten. Das Zusammenleben mit den Christen war in diesen »Judendörfern« geprägt von »Nachbarschaft und Konkurrenz«, wie es Sabine Ullmann für Bayerisch-Schwaben ausgeführt hat. Die große räumliche Nähe zu den christlichen Nachbarn im Dorf zwang zu auskömmlichem Miteinander, was bei den Schutzbriefverlängerungen auch durchaus selbstbewusst eingeklagt wurde. Es kam aber auch immer wieder zu heftigen Fehden, die ihre Ursache meist in dem Unverständnis hatten, das Juden von den Angehörigen der Mehrheitskultur entgegengebracht wurde. Insbesondere in der Passionszeit konnte sich die religiös fundierte Judenfeindschaft der christlichen Bewohner aggressiv entladen, weshalb in dieser Zeit Juden oft der Aufenthalt in der Öffentlichkeit verboten wurde.

Rechtsunsicherheit und kulturelle Abgeschlossenheit kennzeichneten also die Situation, in der Chaile Raphael aufwuchs. Wie es in Familien der jüdischen Oberschicht üblich war, erhielt sie eine gute Ausbildung. Doch stellte ihr Vater für sie und ihre drei wesentlich jüngeren Brüder nicht nur einen jüdischen Hauslehrer ein, sondern engagierte zusätzlich einen christlichen Präzeptor. Vieles spricht dafür, dass er diese bikulturelle Ausbildung wählte, weil er in seinem Beruf die Nützlichkeit einer säkularen Bildung erfahren hatte und seinen Kindern neben dem Hebräischen und den Kenntnissen von Tora und Talmud auch weltliches Wissen vermitteln wollte. Vor allem aber, weil er wollte, dass seine Kinder und zukünftigen Nachfolger im Geschäft Deutsch lernten, um sich mit der deutschsprechenden Umwelt verständigen zu können. Darin zeigt sich eine Aufgeschlossenheit und Modernität, die alle Hoffaktoren charakterisiert. Wie fortschrittlich die Einstellung von Raphael Isaak war, zeigen die Erinnerungen von Marum Samuel von Mayer (1797–1862), dem Juristen an der Universität Tübingen, der noch ein halbes Jahrhundert nach Chaile eine weltliche Bildung auf dem Stuttgarter Gymnasium gegen den Willen seiner Eltern mit Hilfe des württembergischen Königs hatte erzwingen müssen.

Der Aufstieg der Hoffaktoren verdankte sich den spezifischen Bedingungen im deutschen Reich seit dem Ende des Dreißigjährigen Kriegs, als das hohe Repräsentationsbedürfnis der absolutistische Fürstentümer, ihre stehenden Heere und ihr merkantilistisches Wirtschaftskonzept vor dem Hintergrund langandauernder, länderübergreifender Kriege einen enormen Finanzbedarf hervorbrachten, der nicht mehr durch Steuern gedeckt werden konnte, und Angehörige der jüdischen Oberschicht diesen Bedarf aufgrund eng verknüpfter verwandtschaftlicher wie geschäftlicher Netze decken konnten. Sie erzielten dabei hohe Gewinnspannen, handelten aber auch mit hohem Risiko. In der Regel waren Hoffaktoren durch Patente oder Verträge eng an einen Hof gebunden, häufig, wenn auch nicht immer, waren sie für diesen auch in diplomatischen Diensten tätig.

1747 erhielt Chailes Vater das Patent eines Hoffaktors des Fürsten von Hohenzollern-Hechingen und zog mit seiner Familie in die kleine katholische Residenzstadt unter der Zollernburg, die damals etwa 2.500 Einwohner zählte und bis auf eine kleine Oberschicht zunehmend verarmt war. Einzelne Juden waren dort seit Ende des 15. Jahrhunderts ansässig. Als ihnen Graf Niclas II. 1452 die freie Ausübung ihrer Religion und den Bau einer *Schul*, also einer Synagoge, erlaubte, war es zur Bildung einer Gemeinde gekommen. Auch für kleinere Orte in Hohenzollern wie Rangendingen, Owingen, Burladingen, Gruol, Heiligenzimmern und Wilflingen sind in dieser Zeit jüdische Familien bezeugt. Sie verdankten sich alle der judenfreundlichen Politik des Hechinger Grafen, die im deutlichen Gegensatz zu der Vertreibungspolitik des benachbarten Württemberg und Hohenberg stand. Die tolerante Haltung des Hechinger Regenten war aber nicht von Bestand. Sein Nachfolger, Graf Eitelfriedrich I. (1576–1605), zwang die niedergelassenen Juden bei seinem Regierungsantritt zum Abzug, indem er ihnen jeglichen Handel mit den Christen in der Stadt untersagte und ihnen damit ihre Lebensgrundlage entzog. 1634, mitten im Dreißigjährigen Krieg, nahm dann sein – mittlerweile in den Reichsfürstenstand erhobener – Nachfolger, Eitelfriedrich II., erneut jüdische Familien auf. Er tat das wie seine Standeskollegen aus fiskalischen Erwägungen: Die jüdischen Zuwanderer sollten den Handel beleben und mit ihren Schutzgeldern und Abgaben die Kassen füllen. Denn die waren ständig leer, da der Fürst gewaltig über seine Verhältnisse und die seines kleinen Landes lebte. Für seine repräsentative barocke Hofhaltung presste er das Letzte aus seinen Untertanen heraus. Das führte wiederholt zu Spannungen, die sich nicht zuletzt an den Juden entluden und 1643 zu einem Pogrom führten. Eine weitere Ausweisung der Juden drohte, als die in Spanien erzogene Braut des Fürsten Joseph Wilhelm von Hohenzollern-Hechingen (1717–1798) deren Vertreibung zur Bedingung für ihr Ja-Wort machte. Als sie vor ihrer Ankunft aber überraschend starb, vergaß der Fürst stillschweigend die Forderung. Er versprach, keine Austreibungen mehr vorzunehmen und bekräftigte dies 1754 mit einem neuen Schutzbrief.

Kurz nach der Ankunft der Familie Raphael in Hechingen kam es 1754 dann aber doch zu einer einschneidenden Änderung. Dabei zeigte sich, worum es dem Fürsten bei seiner Judenpolitik letztlich ging: Joseph Wilhelm ließ nämlich die zehn wohlhabendsten jüdischen Familien in der Oberstadt wohnen. Die anderen wies er in der Friedrichstadt, westlich vor der Stadt, in eine ehemalige Kaserne ein. Dort entstand daraufhin ein geschlossenes jüdisches Wohngebiet – ein Ghetto.

Chailes Eltern blieben 1754, weil sie Hausbesitzer waren und die vorgeschriebenen Abgaben zahlen konnten, in der Oberstadt wohnen. Raphael Isaak wurde am Hof gebraucht. Dank seiner weitreichenden Geschäftsbeziehungen versorgte er den Prunk liebenden Fürsten mit Luxusgütern aller Art für seine barocke Hofhaltung und mit edlen Pferden für seine ausufernde Jagdleidenschaft. Als Raphael Isaak 1760 nach einem Sturz überraschend starb, übernahm seine knapp 20 Jahre alte Tochter die Geschäfte. Ihr nächstjüngerer Bruder Jakob war zu diesem Zeitpunkt erst 9 Jahre alt und kam deshalb für die Rolle des Nachfolgers noch nicht in Frage. Die selbstständige Geschäftstätigkeit von Frauen war im jüdischen Kontext nicht ungewöhnlich. Sie ist schon im Mittelalter, aber auch für die Frühe Neuzeit belegt. In den Quellen begegnen wiederholt, wenn auch nicht oft, selbstständige jüdische Geschäftsfrauen. Am bekanntesten wurde Glückel von Hameln (1646–1724), die verwitwete Hamburger Kauffrau, die uns mit ihren zwischen 1691 und 1706 aufgezeichneten Memoiren einen einzigartigen Einblick in das Leben einer geschäftstätigen jüdischen Frau zu Beginn der Neuzeit erlaubt. Außergewöhnlich an Chaile Raphaels Leben war also nicht ihre für die meisten christlichen Frauen damals undenkbare Karriere im Geschäftsleben, wohl aber der große Erfolg, der sie bei ihren Geschäften begleitete. Der aber hing nicht nur mit ihrer individuellen Begabung, ihrer Geschäftstüchtigkeit, Beharrlichkeit, Weitsicht und Risikobereitschaft zusammen. Für diese Karriere bedurfte es auch ungewöhnlicher Bedingungen und außergewöhnlicher Zeiten, wie sie mit der Französischen Revolution, den napoleonischen Kriegen und der anschließenden Neugestaltung der Staatenwelt des untergegangenen Alten Reichs gegeben waren.

Es war eine Zeit des beispiellosen Umbruchs, die Karoline Kaulla zu einer Institution, zur »Madame Kaulla« werden ließ. Als sie geboren wurde, war ihre kleine Vaterstadt am Ufer des Federsees noch eine Reichsstadt. Als Madame Kaulla 1809 starb, hatte die Französische Revolution nicht nur die alte Gesellschaftsordnung aus den Angeln gehoben, sondern in Frankreich und den von Napoleon besetzten Gebieten die Gleichstellung der Juden erreicht. Zudem hatte Napoleon eine umfassende territoriale Neuordnung durchgeführt, hatte Hunderte von Klein- und Kleinststaaten aufgelöst und aus dem württembergischen Herzogtum ein Königreich gemacht.

Funktion und Rolle der Hoffaktoren am Beispiel der Karoline Kaulla

Doch schauen wir uns die Stationen des Aufstiegs genauer an. 1857 hatte Chaile Raphael den Pferdehändler Akiba Auerbacher aus Nordstetten bei Horb geheiratet. Mit der Heirat übernahm sie auch den Pferdehandel ihres Mannes und ermöglichte diesem, sich ganz dem Studium der Tora zu widmen. Für gläubige Juden ist das eine Mizwa, eine religiöse Pflicht, wie sie auch noch heute von vielen Juden orthodoxer Observanz erfüllt wird.

Der Pferdehandel machte die junge Unternehmerin für den Fürsten im benachbarten Donaueschingen interessant. 1768 ernannte sie Jospeh Wenzel zur fürstenbergischen Hoffaktorin. Der Fürst untermauerte die Geschäftsbeziehung, indem er ihr ein Jahr später einen Pass für freies Geleit ausstellte. Angesichts der zahlreichen Grenzen im territorial vielgestaltigen, kleinkammerigen Alten Reich war das ein enormer Vorteil. Juden ohne diese Privilegien mussten an jeder Grenzstation »Leibzoll« zahlen und für das ungehinderte Passieren zudem noch ein Geleitgeld hinlegen, wenn sie nicht »lebendiges Geleit« erhielten, das heißt von einem Soldaten begleitet wurden, der auf württembergischen Territorium dafür zu sorgen hatte, dass sie sich an das Handelsverbot hielten. Kurze Zeit nach dem freien Geleit wurde der fürstenbergischen Hoffaktorin sogar Zollfreiheit auf alle Waren gewährt, die sie an den Hof lieferte. Der Briefwechsel, in dem sie wiederholt darum nachgesucht hatte, ist erhalten. Die Supliken zeigen gleichermaßen zeittypische Untertänigkeit wie selbstbewusste Zielstrebigkeit – eine Mischung, die die Geschäftsführung der Karoline Kaulla kennzeichnete. In der Be-

Abb. 2: Jakob Kaulla mit Madame Kaulla, 1797, nach anderer Deutung mit seiner Frau Michle, Hohenzollerische Heimatbücherei Hechingen.

schränkung der Zollfreiheit auf die Waren für den Hof zeigen sich aber auch die Interessen des absolutistischen Regenten, dem seine feudale Hofhaltung weit mehr am Herzen lag als das Wohlergehen seiner Untertanen. Unter diesen privilegierten Bedingungen lief Karoline Kaullas Handel mit Pferden, bald auch Juwelen und Luxusstoffen, vor allem Seide, so gut, dass sie ihren elf Jahre jüngeren Bruder Jakob (1749–1810) ins Geschäft aufnahm (Abb. 2). 1780 erhielt auch er das Hoffaktorenpatent für Donaueschingen.

Dass aber die Stellung der Hofjuden, auch wenn sie nach Rainer Gömmel ein »adäquates Finanzierungsinstrument« absolutistischer Fürstentümer auf dem Weg zum modernen Staat waren, trotz aller Tendenz zu einem kontinuierlichen Dienstverhältnis, letztlich unsicher blieb, musste auch Karoline Kaulla erleben. Als unentbehrliche Hoflieferantin genoss sie wie ihre Kollegen besondere Privilegien. Das Eintreiben herrschaftlicher Schulden erwies sich jedoch als risikoreich. Nicht selten warteten Hoffaktoren jahrelang vergeblich auf die Rückzahlung der Schulden. 1784 bat Karoline Kaulla nach wiederholtem Mahnen den Donaueschinger Fürsten in »höchster Erniedrigung« um 2.000 fl. Abschlag für eine Gesamtsumme von über 33.000 fl., die er ihr schuldete. Den Abschlag hat sie nie erhalten. Der Fürst entzog ihr stattdessen das Vertrauen, erklärte ihre zum Beleg vorgelegten Handelsbücher als die eines »Hebräers« für nicht gültig und brach den Geschäftskontakt ab.

Leicht gerieten Hoffaktoren auch unter den Verdacht der Herrschaftsanmaßung. Wie gefährlich das sein konnte, hatte das Schicksal des Stuttgarter Hoffaktors Süß Oppenheimer (1698/99–1738) gezeigt, der nach dem Tod seines Gönners, des Herzogs Carl Alexander, ein Jahr vor Chailes Geburt einem Justizmord zum Opfer gefallen und in Stuttgart am Galgen aus dem Weg geräumt worden war.

Hoffaktorenpatente waren die Bestallungsurkunden der Hoflieferanten. Sie schufen eine gewisse Kontinuität für die Beziehung zwischen Lieferant und Hof, aber sie erloschen wie Schutzbriefe beim Tod des Ausstellers und mussten mit dessen Nachfolger jeweils neu ausgehandelt werden. Der in Donaueschingen nachfolgende Fürst war dazu nicht bereit. Möglicherweise waren noch offene Rechnungen der Witwe seines Vorgängers die Ursache. Jedenfalls verlängerte der nächste Fürstenberger bei seinem Herrschaftsantritt die Patente der beiden »Kaullas«, wie sie jetzt in den Quellen bezeichnet werden, nicht. Karoline und Jakob Kaulla fanden Ersatz in Hechingen, wo beide ja schon lange Geschäftsbeziehungen zum Hof pflegten. Bereits 1779 waren sie zu hohenzollerischen Hoffaktoren ernannt worden. 1782 hatte Karoline Kaulla für die Hochzeit des Prinzen Anton Aloys von Hohenzollern-Sigmaringen mit Amalie Zepherine von Salm-Kyburg den Schmuck geliefert. In Hechingen liefen ihre Geschäfte so erfolgreich, dass sie anfangs das Rathaus mieteten, um dort ihren Vorrat an Tuch zu lagern, und später den herzoglichen Fruchtkasten als Warenlager erwarben. Der hohe Geldbedarf des Fürsten ermöglichte ihnen neben dem Warenhandel auch den Einstieg ins Geldgeschäft. Seit 1776 betrieben sie in Hechingen Bankgeschäfte. Zusammengerechnet liehen sie dem Fürsten in nur einem Jahr 39.400 fl.

Zu dieser Zeit ging Madame Kaulla noch selber auf Handelsreisen und ließ sich dabei von einem Hausrabbiner und Schächter begleiten, um die halachisch vorgeschriebene Lebensführung einzuhalten. Später beauftragte sie ihren Bruder Jakob mit dem Außendienst.

Mittlerweile machte Karoline Kaulla auch Geschäfte mit dem Hof in Stuttgart. Dieser wurde zu jener Zeit gerade von Carl Eugen (1744–1793) zu einem der prächtigsten im Reich umgestaltet. Theater, Ballet und Oper, Lustspiel und Jagd blühten, sehr zum Leidwesen der Stände. Denn der feudale Lebensstil des absolutistischen Regenten und der Bau von drei Schlössern – Solitude, Hohenheim, Scharneck – sowie die Erweiterung des Jagdschlosses Grafeneck verschlangen Unsummen. Nur mit Mühen waren die Mittel aus dem armen Land herauszuholen. Deshalb war Carl Eugen auf tüchtige, kapitalkräftige Hoflieferanten angewiesen, die ihm notfalls auch das zur Besoldung seiner Beamten fehlende Geld vorstreckten. Aus diesem Grund setzte er sich über das geltende Landesrecht hinweg, das Juden den Handel im Land verbot, und verlieh 1770 der Hechinger Hoffaktorin das Patent einer »Herzoglich Württembergischen Hoffaktorin«. Madame Kaulla blieb seine Hoffaktorin, auch als sich Carl Eugen nicht zuletzt wohl unter dem Einfluss seiner Mätresse Franziska von Leutrum vom cholerischen Regenten zum aufgeklärten Landesvater wandelte. Vorausgegangen war der berühmten »Erbvergleich«, den die erzürnten Landstände nach jahrelangem Prozess 1770 vor dem Reichshofrat in Wien erkämpft hatten. Carl Eugens nun erwachtes Interesse an der Wohlfahrt und ökonomischen Modernisierung seines Landes führte bekanntlich nicht nur zur Errichtung der Hohen Karlsschule, sondern auch zum Auf- und Ausbau merkantilistischer Produktionsstätten wie etwa der Hofmanufaktur in Ludwigsburg. Auch für solche Investitionen waren die Kredite der Kaullas unentbehrlich.

Den eigentlichen Höhepunkt ihrer Tätigkeit als Hoffaktorin erlangte Karoline Kaulla aber mit Heereslieferungen. In dem mehr als zwanzig Jahre dauernden Kriegszustand, der auf die Französische Revolution folgte, war der Bedarf an Pferden und Futter, Montur, Waffen und Verpflegung für die diversen Armeen immens. Das gilt vor allem für die Jahre bis zur Gründung des Rheinbundes 1806, als Südwestdeutschland unmittelbar

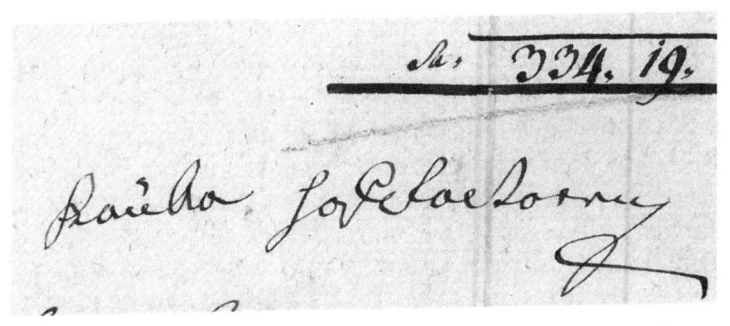

Abb. 3: Unterschrift der Hoffaktorin Karoline Kaulla unter einer Rechnung für die Lieferung von Stoffen an den Hof des Fürsten von Hohenzollern-Hechingen vom 14. August 1786.

Abb. 4: Madame Kaulla gibt ihren Söhnen Anweisungen (Ausschnitt).

Schauplatz der Kämpfe war. Dank eines gut eingeführten, eng geknüpften Netzes von Geschäftsbeziehungen, das sich nicht zuletzt auf verwandtschaftliche Verbindungen stützte und durch Heiraten gezielt ausgebaut wurde, gelang es Madame Kaulla auch in unsicheren und gefährlichen Kriegszeiten, die gewünschten Waren zu liefern (Abb. 3).

Eine Darstellung Karoline Kaullas gibt Anlass auch auf eine andere Rolle von ihr einzugehen. Der Scherenschnitt zeigt sie mit ihren Söhnen, die sie – sowie eine Tochter – zwischen 1757 und 1765, also in den turbulenten Aufbaujahren ihres Geschäfts zur Welt brachte (Abb. 4). Das Bild trägt den Titel *Madame Kaulla gibt ihren Söhnen Anweisungen*. Es zeigt, was Karoline Kaulla aus ihrer Familiensituation gemacht hat: Ihre vier Söhne, Mayer, Wolf, Veit und Raphael, nahm sie ins Geschäft auf; ihre Tochter Michle verheiratete sie mit ihrem Bruder Jakob. So vermehrte und sicherte sie ihr Geschäftskapital. Wie in der jüdischen Oberschicht üblich, sorgte sie zudem dafür, dass ihre Söhne in angesehene Hoffaktorenfamilien einheirateten, so dass seit den 1780er Jahren die zweite Kaulla-Generation neben Stuttgart auch in Donaueschingen, Darmstadt, Hanau, Kriegshaber bei Augsburg, München und Wien tätig war. Die Söhne waren nicht nur zuverlässige Geschäftspartner, sondern erschlossen neue Handelsräume und verknüpften diese zu einem engen Handelsnetz – ein Aktivposten für das Geschäftshaus, das für Generationen Bestand haben sollte. Mit Hilfe dieses Netzes konnten die Lieferungen oft innerhalb unglaublich kurzer Zeit abgewickelt werden. Bei ihrem ersten Heeresauftrag, den Madame Kaulla 1790 noch vom württembergischen Herzog Carl Eugen und dem Bischof von Konstanz als den Direktoren des Schwäbischen Kreises erhielt, hatte sie innerhalb von sechs Wochen 30.000 Zentner Roggen (Wiener Gewichts) und 60.000 Metzen Hafer (Niederösterreichischen Gewichts) für die kaiserliche Armee in die Magazine nach Köln, Trier und Koblenz zu liefern. Sie tat dies von Hechingen aus zur vollsten Zufriedenheit ihrer Auftraggeber in der vorgegebenen Zeit.

Auch der württembergische Erbprinz Friedrich, der 1803 Kurfürst eines entscheidend vergrößerten Landes werden sollte, bediente sich der Finanzgeber seines Vorgängers. Wie so viele Hoffaktoren an anderen Höfen wurden die Kaullas zum Rückgrat seiner Subsidienpolitik in den napoleonischen Kriegen. Als 1800 die englischen Subsidien auf sich warten ließen, streckten die

Abb. 5: Madame Kaulla, Kopie von C. Berger, um 1805, nach Johann Baptist Seele; Landesmuseum Stuttgart, Kunst- und Kulturgeschichtliche Sammlungen 2001-315.

Kaullas die stolze Summe von 405.000 fl. vor. Zwischen April 1800 und Juni 1802 belief sich der Umsatz des Hauses Kaulla, wie wir aus einem Bericht des Kriegsrats Düngen über die Subsidien-Kasse wissen, auf über 1 Million fl. Allein für ca. 50.000 fl. lieferten die Kaullas in diesen knappen zwei Jahren Pferde, für rund 4.000 fl. Sättel.

Die bei der Belieferung der Heere anfallenden riesigen Geldsummen wusste Madame Kaulla mit dem ihr eigenen Geschäftssinn gewinnbringend einzusetzen. Das dabei akkumulierte Kapital setzte sie bald in die Lage, Bankgeschäfte zu tätigen. Schon Anfang 1800 hatte Herzog Friedrich Jakob Kaulla zum Hofbankier in Stuttgart ernannt, wenig später zeichnete er ihn mit dem Titel eines Kaiserlichen Rats aus. Doch zeitgenössischen Berichten zufolge blieb Karoline Kaulla die Chefin des Hauses. Sie leitete die Geschäfte, während der Bruder reiste und Aufträge akquirierte.

Zwei Jahre nach der Ernennung von Jakob Kaulla zum Hofbankier veranlasste der Herzog das Handelshaus Kaulla für den bislang nebenher betriebenen Bankverkehr ein eigenes Haus – »M. u. J. Kaulla« – in Stuttgart zu errichten. Es wurde in dem herzoglichen Haus in der Schmalen Gasse 11 – das Haus steht nicht mehr – untergebracht. Wenig später ging diese Privatbank in der von Friedrich gegründeten Hofbank auf. Eine Anweisung des Kurfürsten sorgte dafür, dass mit ihr fortan alle Landeskassen ihre Wechselgeschäfte tätigten. Für ein halbes Jahrhundert sollte die *Württembergische Hofbank* als privilegierte Privatbank die wichtigste Kreditstütze für das Land sein, bevor sie von der 1869 gegründeten *Württembergischen Vereinsbank* abgelöst wurde. Als Aktienbank konnte diese wesentlich mehr Kapital bündeln und zur Finanzierung der Industrialisierung bereitstellen, als es den traditionellen Privatbanken möglich war. Das Gründungskapital der Hofbank, die später in der *Deutschen Bank* aufging, betrug 300.000 fl. Es kam 1802 hälftig vom Herzog und vom Haus Kaulla. 1807 erhöhte die Familie Kaulla ihre Einlage auf eine Viertel Million Gulden, verteilt auf fünf Mitglieder der Familie. Das war ein Kapital, das mitten in den napoleonischen Kriegen sogar das Vermögen des Hauses Rothschild übertraf. In dem vom Krieg gebeutelten Land wurde dieses Kapital dringend für den Wiederaufbau benötigt. Zudem versetzte es Friedrich in die Lage, beim Aufbau eines modernen Staatswesens an den konservativen, auf dem alten Recht beharrenden Ständen vorbei zu regieren. Insofern wirkte Karoline Kaulla also auch an der Konsolidierung des Staates Württemberg mit.

Nach ihrem Tod wurden zwei ihrer Söhne, Wolf Kaulla und Mayer Kaulla, zu württembergischen Hofbankiers ernannt. Sie erhielten später den persönlichen Adel, ein anderer Sohn den erblichen Adel vom Bayerischen König verliehen. Enkel und Urenkel folgten. In fünf Generationen, bis in das 20. Jahrhundert, war die Familie führend in der Bank tätig, nun häufig zum Christentum konvertiert, eine Option, die für die dritte Generation von Hofjuden typisch wurde.

Doch zurück zur Gründergeneration und Madame Kaulla. Obwohl sich mit der Gründung der Hofbank und den Großaufträgen das Zentrum der Kaullaschen Tätigkeit nach Stuttgart verlagerte, konnten die beiden Firmenchefs dort lange Zeit kein Wohnrecht erlangen. Noch immer galt der diskriminierende Ausweisungsbeschluss, der 1740 nach der Hinrichtung Jud Süß Oppenheimers erlassen worden war. Zwar hatte der Herzog den beiden Kaullas 1797 den »Hofschutz« für seine Residenzen in Ludwigsburg und Stuttgart verliehen, doch der Magistrat, die Stuttgarter Kaufmannschaft und die Landesversammlung hatten gegen die Niederlassung von Juden Protest eingelegt. Da sie sich auf die geltenden landständischen Ausweisungsbeschlüsse stützten, musste der Herzog sein Reskript zurückziehen. Es sollte noch bis 1806 dauern, bis sich die Kaullas schließlich in Stuttgart niederlassen durften.

Für ihren jüngsten Sohn Veit (1764–1811), der eine Niederlassung des Geschäftshauses in Kriegshaber, vor den Toren Augsburgs, das Juden damals ebenfalls noch die Niederlassung verweigerte, betrieb, erkaufte Karoline Kaulla 1798 das Wohnrecht, indem sie der Reichsstadt eine große Summe an Schulden erließ.

In der Zwischenzeit war Württemberg zusätzlich zu dem Gebietsgewinn von 1803 um weitere Territorien, darunter die habsburgischen Gebiete in Schwaben vergrößert und zu einem Königtum von Napoleons Gnaden geworden. In dem heterogenen, an Fläche und Einwohnerzahl verdoppelten Land, regierte König Friedrich (1797–1816) nunmehr als souveräner Monarch, ohne die Mitherrschaft der Stände, als »schwäbischer Zar«, wie Paul Sauer den ersten König von Württemberg charakterisiert hat. Von den landständischen Fesseln befreit, verlieh dieser am 24. Juni 1806 fünf Mitgliedern der Familie Kaulla mit allen ihren Nachfahren die vollen Untertanenrechte. Es waren: Hofbankier

Jakob Kaulla, dessen beide Schwiegersöhne Nathan Wolf Kaulla und Marx Pfeiffer-Kaulla sowie zwei Söhne der Madame Kaulla, nämlich Mayer Kaulla und Wolf Kaulla, die ihr später im Amt des Hofbankiers folgen sollten. Madame Kaulla war nicht darunter. Rasch fanden die Kaullas nun Zugang zu den ersten Kreisen der Stadt. Sie gehörten beispielsweise zu den Mitbegründern und Förderern der angesehenen Museumsgesellschaft. Karoline und Jakob Kaulla wurden so die ersten gleichberechtigten Juden in Württemberg und gleichzeitig die Begründer der jüdischen Gemeinde Stuttgart. Deren erster Betsaal befand sich im Kaullaschen Privathaus in der Schmalen Straße.

Emanzipation und Modernisierung des Judentums

Doch damit haben wir den Ereignissen vorausgegriffen und müssen noch einmal ins Jahr 1806 zurückkehren. Damals war die Verleihung der Untertanenrechte an die Geschwister Kaulla noch ein Gnadenakt des Königs. In der Verleihungsurkunde heißt es: *[…] in Hinsicht auf mancherley Verdienste, welche sich die Kaula'sche Familie in den kritischsten Zeiten um das Land erworben hat, aus besonderer Gnade und als Ausnahme von der Regel.* Noch immer mussten die Glaubensgeschwister von Chaile Kaulla »Leibzoll« in Württemberg zahlen. In Frankreich dagegen hatte die Französische Revolution die Gleichheit aller Bürger ohne Rücksicht auf ihre Religion 1789 deklariert und 1791 verwirklicht. In Preußen legte Christian Wilhelm Dohm auf Anregung Moses Mendelssohns 1781 die Programmschrift *Über die bürgerliche Verbesserung der Juden* vor und löste damit eine langanhaltende Debatte aus. Auch in Württemberg begann man nun darüber nachzudenken, wie Juden der Zugang zu Handwerk und Gewerbe geöffnet werden könnte, damit sie den Vorstellungen der Zeit entsprechend zu »nützlichen Untertanen« würden. Denn mit den neuwürttembergischen Gebieten hatte der württembergische König plötzlich rund 8.300 jüdische Untertanen erhalten. Da diese zuvor unter verschiedensten rechtlichen Bedingungen gelebt hatten, sah sich der Monarch gezwungen, deren Rechtssituation im Sinne einer rationalen Verwaltung zu vereinheitlichen. Schritt für Schritt lockerte er dabei die bestehenden restriktiven Minderheitengesetze: 1806 wurde die Militärpflicht für Juden eingeführt, 1807 der Gütererwerb für sie freigegeben und 1808 der »Leibzoll« abgeschafft. 1809 fiel der Zunftzwang und 1812 wurden mit Ausnahme des Rezeptions- und des Schutzgeldes alle Sonderabgaben aufgehoben bzw. vereinheitlicht. 1819 schließlich wurde das Universitätsstudium für Juden freigegeben. Unter den ersten jüdischen Studenten der Universität Tübingen waren mit Hermann Kaulla (1806–1832) und seinem Bruder Leopold (1813–1886) zwei Großneffen von Karoline Kaulla.

1828 schließlich wurde das lange vorbereitete württembergische »Judengesetz« erlassen. Doch das Gesetz »in Betreff der öffentlichen Verhältnisse der israelitischen Glaubensgenossen« stellte sich als ein Gesetz heraus, das die rechtliche Gleichstellung von schwer einlösbaren Bedingungen abhängig machte, den jüdischen Gemeinden aber ihre bis dahin geltende innere Autonomie nahm und sie in einer einheitlichen Landesorganisation unter einer königlichen »Oberkirchenbehörde« zusammenfasste. Nach einer kurzen Übergangssituation in Zusammenhang mit der 48er Revolution erhielten die Juden in Württemberg erst 1864 die volle rechtliche Gleichstellung. In Hohenzollern brachte erst die Verfassung des Deutschen Reichs von 1871 die Gleichstellung der ehemaligen »Schutzjuden«.

Zum Schluss kehren wir noch einmal nach Hechingen zurück. Mehr als ein halbes Jahrhundert hat Karoline Kaulla dort gelebt und in dieser Zeit dort auch einen gehörigen Anteil ihrer Einnahmen wieder investiert. 1803 beruft sie sich in einem Schreiben an den Fürsten darauf, dass sie 15.000 fl. im Jahr in der Residenzstadt konsumiere. In der Tat gehörten der Familie mehrere Häuser in der Oberstadt. Dort pflegte sie einen Lebensstil, der von der Nähe zum Hof geprägt war. Karolines Sohn Wolf (1784–1838) war dort in jungen Jahren als Stallmeister tätig und ihr Bruder Jakob wird als »väterlicher Freund und Berater« des Fürsten Hermann Friedrich Otto bezeichnet. Offensichtlich hat diese Nähe zur Verbesserung der angespannten Situation zwischen christlichen und jüdischen Hechingern beigetragen, wie der bereits erwähnte Samuel von Mayer berichtete. Von ihm wissen wir auch, dass der Fürst an jedem Versöhnungstag, also dem höchsten jüdischen Feiertag, die Synagoge in Hechingen aufsuchte. Aus dem Hausrat der Madame Kaulla hat sich ein Relikt erhalten. Es ist ein Kaffeeservice aus Nymphenburger Por-

Abb. 6: Kaffee-Service von Madame Kaulla, Porzellan, Nymphenburg ca. 1780; Israel Museum, Jerusalem.

zellan, das sich heute im Israel Museum in Jerusalem befindet. Es vermittelt eine Vorstellung von der Akkulturation der Familie, die in weiten Bereichen den höfischen Lebensstil ihrer Auftraggeber übernommen hatte, ohne aber ihre jüdischen Traditionen aufzugeben. Ein ganz ähnliches Service wurde für die Wittelsbacher angefertigt. Das Service der Kaullas allerdings ist hebräisch beschriftet. (Abb. 6) Die Inschrift auf der Tasse nennt als Entstehungsjahr das Jahr 1795 sowie den Wunsch »Für ein gutes Leben«. Auf der Zuckerdose und der Untertasse sind hebräische Bibelverse angebracht: 4. Mose 5,19 und Sprüche Salomos 16,24.

Der Reichtum der Kaullas in Hechingen war legendär. Der Schriftsteller Achim von Arnim berichtete seinem Freund Clemens von Brentano, mit dem er über einen im Entstehen begriffenen Roman korrespondierte: *Nein, Du irrst Dich in der Annahme, ich hätte den Stoff auf meiner Italienreise gefunden. Das ist eine Posse, wozu mir Hechingen Veranlassung gab, wo das jüdische Handelshaus Kaulla sich in ungeheurem Reichtum erhob, während das Fürstenhaus Hohenzollern verarmte.* Die judenfeindliche Einstellung der deutschen Romantiker ist unschwer herauszuhören. Hören wir uns deshalb den Bericht eines anderen Zeitgenossen an. Es ist der Benediktinermönch Johann Nepomuk Hauntinger, der auf einer Reise von Glatt nach Zwiefalten mit dem Fürstabt von Muri Station in Hechingen machte. Auch er zeigt sich vom Reichtum der Kaullas beeindruckt: *Es wohnen viele Juden in der Stadt; unter diesen ist die Frau Caula vorzüglich bekannt. Sie hat sich während diesen Kriegsjahren durch ihre Spekulationen mit allen Arten Lieferungen im Großen (besonders mit Pferden) für die Armeen erstaunliche Reichtümer gesammelt. Vermutlich ist ihr auch ein guter Teil des Fürstentums Hohenzollern verpfändet. Sie hat in der Stadt ein prächtiges Haus, unterhält eigene equipage und spielt die groß Frau. Hauntinger fährt fort: [...] Zu ihrem Lobe sagt man durchgängig, dass sie den Armen ohne Unterschied der Religion, auch den Herrn Franziskanern [...] sehr viel Gutes thue und reichliche Almosen austeile. Sie hat während diesen Jahren manches Kirchen- und Klostersilber für bares Geld ausgelöst; auch ein Teil des unsrigen ist in ihre Hände gekommen.*

Als fromme Jüdin erfüllte Karoline Kaulla Zeit ihres Lebens tatsächlich mit Stiftungen die Pflicht zur Wohltätigkeit, die die Tora Juden auferlegt. So unterstützte sie umherziehende arme Juden in Hechingen wie in Stuttgart und ließ den Bedürftigen ihrer Gemeinde zu jedem Sabbat Öl, Mehl und Wein austeilen. Die für die erste Generation von Hofjuden beschriebene traditionsstabilisierende Wirkung kann man auch an Karoline Kaulla beobachten. Die Großunternehmerin kümmerte sich intensiv um die Angelegenheiten der Kultusgemeinde. 1765 ließ sie einen hölzernen Zaun um den Friedhof ziehen, damit der Begräbnisplatz am Galgenberg nicht mehr von Schweinen zerwühlt wurde. Später finanzierte ihr Bruder Jakob eine steinerne Mauer um den Friedhof. Er erwirkte 1800 auch bei dem Fürsten Hermann Otto die Ausstellung eines ausgesprochen milden Schutzbriefes für die Hechinger Juden auf die ungewohnt lange Dauer von vierzig Jahren. Zusammen stifteten die beiden Geschwister ein Hospiz für umherziehende Juden. 1803 richteten sie in der oberstädtischen »Müntz«, die seit Chailes Vater im Besitz der Familie war, ein Talmud-Lehrhaus für Studenten der jüdischen Theologie ein. Drei Stifts-Rabbiner und der Rabbiner der Gemeinde wirkten in dem »Kaullaschen Stift«, das bis 1850 bestand. Madame Kaulla finanzierte die Lehrer und stellte zahlreiche Stipendien für Schüler. Einer dieser Schüler war Berthold Auerbach (1812–1882), Rabbinerenkel aus dem nahen Nordstetten bei Horb. Er stammte aus der Familie von Chailes Mann Akiba Auerbacher. Der Erfolgsschriftsteller der *Schwarzwälder Dorfgeschichten* schildert im Alter in einem autobiografischen Fragment, das er als Gast Kilian von Steiners in Bad Niedernau verfasste, wie er 1824 das erste Mal nach Hechingen kam: *Wir fuhren die Friedrichstaße vorüber, ich hörte, dass da nur Juden wohnen. Das erschien mir als ein wahres Paradies. Keinem Spott und keinem Haß ausgesetzt, unter lauter Juden wohnen, wie herrlich muß das sein [...].*

Chailes Ehemann schließlich, von dem wir nicht viel mehr wissen, als dass er ein frommer Talmudgelehrter war, vermachte nach dem Tod seiner Frau der jüdischen Gemeinde Hechingen 5.000 fl. zum Bau einer neuen Synagoge. Diesen Einsatz für die Gemeinde würdigte der damalige Hechinger Rabbiner Dr. Samuel von Mayer. Seine Leichenpredigt für Chaile Kaulla war die erste deutsche Leichenpredigt für einen Angehörigen der israelitischen Religion. Darin heißt es: [...] *sie saß neben den Fürsten der Völker. Sie war eine Deborah der Zeit, eine Mutter in Israel, denn sie durften sicher wohnen im Land, in den letzten Jahren des Fürsten, der sehr wohltätig und ein Gönner der Israeliten wurde.*

Sehen wir uns zum Abschluss noch einmal das Grab dieser ungewöhnlichen Frau an: Chailes Grab steht nicht allein, sondern bildet das Zentrum einer Anlage von mehreren Gräbern. Rechts von ihr wurde ihr Mann Akiba begraben, links der Bruder Jakob, noch etwas weiter links liegen ihr ältester Sohn Maier-Hanau und vor dem Weg ihre Tochter Michle. Sie alle erhielten mehr oder weniger traditionelle jüdische Grabsteine oder Stelen. Nur der klassizistische Sarkophag der Madame bricht mit der Tradition und bleibt mit seiner traditionellen ausschließlich hebräischen Inschrift doch eingebunden in sie. Darin könnte man einen symbolischen Ausdruck für die Rolle dieser Frau sehen, die als Hofjüdin eine Brücke zwischen zwei Kulturen schlug: zwischen der Welt des traditionellen Landjudentums und der höfischen Welt absolutistischer Fürsten. Die Anpassung an diese Welt des Hofs, die ihr ihre Tätigkeit abverlangte, führte auch innerjüdisch zu einem Modernisierungsschub, bewirkte Offenheit für die andere Kultur und Aufgeschlossenheit für deren Bildung. Diese besondere Fähigkeit zu Interkulturalität zeichnete Madame Kaulla wie die meisten Hofjuden aus und machte sie zu einer Vorläuferin und Wegbereiterin der Emanzipation. Die eingangs zitierte Grabinschrift »sie war groß in ihrem Volk«, also unter den Juden, und »groß in ihrem Vaterland«, also unter den Deutschen, bringt dieses Verhältnis auf den Punkt.

LITERATUR (IN REIHENFOLGE DER ERWÄHNUNG)
BUMILLER, Casimir: Die jüdische Gemeinde Hechingen im 16. Jahrhundert, in: Zeitschrift für Hohenzollerische Geschichte 24/25 (1988/89), S. 159–184.
GÖMMEL, Rainer: Hofjuden und Wirtschaft im Merkantilismus, in: Rotraut RIES, J. Friedrich BATTENBERG (Hgg.): Hofjuden – Ökonomie und Interkulturalität.

Die jüdische Wirtschaftselite im 18. Jahrhundert (Hamburger Beiträge zur Geschichte der deutschen Juden, Bd. XXV), Hamburg 2002, S. 59–66.

Hahn, Joachim, Krüger, Jürgen: »Hier ist nichts anderes als Gottes Haus…«. Synagogen in Baden-Württemberg. Orte und Einrichtungen (Gedenkbuch der Synagogen in Deutschland, Bd. 4, Teilband 2), Stuttgart 2007.

Hebell, Kerstin: Madame Kaulla und ihr Clan – Das Kleinterritorium als individuelle Nische und ökonomisches Sprungbrett in: Rotraut Ries, J. Friedrich Battenberg (Hgg.): Hofjuden – Ökonomie und Interkulturalität. Die jüdische Wirtschaftselite im 18. Jahrhundert (Hamburger Beiträge zur Geschichte der deutschen Juden, Bd. XXV), Hamburg 2002, S. 332–348.

Hirbodian, Sigrid: Konzepte und Perspektiven der Landesgeschichte. Das Beispiel »Juden und ländliche Gesellschaft in Württemberg«, in: Sigrid Hirbodian, Christian Jörg, Sabine Klapp u. a. (Hgg.): Pro multis beneficiis. Festschrift für Friedhelm Burgard. Forschungen zur Geschichte der Juden und des Trierer Raums (Trierer historische Forschungen, Bd. 68), Trier 2012, S. 271–286.

Historischer Atlas von Baden-Württemberg, hg. v. der Kommission für geschichtliche Landeskunde in Baden-Württemberg in Verbindung mit dem Landesamt für Geoinformation und Landentwicklung Baden-Württemberg, Teil VIII-13: Jüdische Einwohner in Baden-Württemberg (3 Teilkarten) bearb. von Joseph Kerhhoff, VIII-14 sowie die konfessionelle Gliederung in Baden-Württemberg 1961, bearb. von Fred Sepaintner, Stuttgart 1972–1988.

Katz, Gabriele: Die erste Unternehmerin Süddeutschlands und die reichste Frau ihrer Zeit. Madame Kaulla 1739–1806, Filderstadt 2006.

Katz, Jacob: Aus dem Ghetto in die bürgerliche Gesellschaft. Jüdische Emanzipation von 1770–1870, Bodenheim 1986.

Klüpfel, Karl August: Mayer, Samuel Marum, in: Allgemeine Deutsche Biographie 21 (1885), S. 128–130.

Kohring, Heinrich: Die Inschriften der Kaulla-Grabdenkmäler auf dem jüdischen Friedhof in Hechingen. Text und Übersetzung sowie philologischer und inhaltlicher Kommentar, in: Zeitschrift für Hohenzollerische Geschichte 21 (1985), S. 171–212.

Kretschmer, Robert, Emberger, Gudrun (Hgg.): Die Quellen sprechen lassen. Der Kriminalprozess gegen Joseph Süß Oppenheimer 1737/38, Stuttgart 2009.

Kuhn-Rehfus, Maren: Das Verhältnis von Mehrheit zu Minderheit am Beispiel der Juden in Hohenzollern, in: Zeitschrift für Hohenzollerische Geschichte 14 (1978), S. 9–54.

Lang, Stefan: Ausgrenzung und Koexistenz. Judenpolitik und jüdisches Leben in Württemberg und im »Land zu Schwaben« (1492–1650) (Schriften zur südwestdeutschen Landeskunde, Bd. 63), Ostfildern 2008.

Mann, Vivian B., Gohen, Richard I. (Hgg.): From Court Jews to the Rothschilds 1600–1800. Art, Patronage, Power, München/New York 1996.

Märkle, Matthias: Jüdische Studenten an der Universität Tübingen 1807 bis 1871 (Tübinger Bausteine zur Landesgeschichte, Bd. 23), Ostfildern 2013.

Mayenberger, Charlotte: Juden in Buchau (Geschichte und Kultur, Bd. 8), Bad Buchau 2008.

RICHARZ, Monika (Hg.): Die Hamburger Kauffrau Glikl. Jüdische Existenz in der Frühen Neuzeit, Hamburg 2001.

POHL, Manfred, RAAB-REBENTISCH, Angelika: Die Deutsche Bank in Stuttgart 1924–1999, München 1999.

RIES, Rotraut, BATTENBERG, J. Friedrich (Hgg.): Hofjuden – Ökonomie und Interkulturalität. Die jüdische Wirtschaftselite im 18. Jahrhundert (Hamburger Beiträge zur Geschichte der deutschen Juden, Bd. XXV), Hamburg 2002.

RIES, Rotraut: Hofjudenfamilien unter dem Einfluss von Akkulturation und Assimilation, in: Sabine HÖDL, Martha KEIL (Hgg.): Die jüdische Familie in Geschichte und Gegenwart, Berlin/Bodenheim 1999, S. 79–105.

SAUER, Paul: Der schwäbische Zar. Friedrich – Württembergs erster König, Stuttgart 1978.

SCHEUFFELN, Thomas: Berthold Auerbach 1812–1882 (Marbacher Magazin 36), Marbach am Neckar 1986.

SCHMIERER, Wolfgang: Karoline Kaulla, in: Elisabeth NOELLE-NEUMANN (Hg.): Baden-Württembergische Portraits, Stuttgart 1999, S. 37–41.

SCHNEE, Heinrich: Die Hochfinanz und der moderne Staat. Geschichte und System der Hoffaktoren an deutschen Fürstenhöfen im Zeitalter des Absolutismus, nach archivalischen Quellen, Bd. 1–6, Berlin 1953–1967.

DERS., Die Hoffaktoren-Familie Kaulla an süddeutschen Fürstenhöfen, in: Zeitschrift für Württembergische Landesgeschichte 20 (1961/62), S. 238–267.

DERS., Madame Kaulla, in: Lebensbilder aus Schwaben und Franken 9 (1963), S. 85–104.

SCHNEE, Selma: The Court Jew. Contribution to the History of the Period of Absolutism in Central Europe, Philadelphia 1950; in deutscher Übersetzung, in: Martina SASSENBERG (Hg.): Der Hofjude im Zeitalter des Absolutismus. Ein Beitrag zur europäischen Geschichte im 17. und 18. Jahrhundert (Schriftenreihe wiss. Abhandlungen des Leo-Baeck-Instituts, Bd. 64), Tübingen 2001.

ULLMANN, Sabine: Nachbarschaft und Konkurrenz. Juden und Christen in den Dörfern der Markgrafschaft Burgau 1650 bis 1750 (Veröffentlichungen des Max-Planck-Instituts für Geschichte, Bd. 151), Göttingen 1999.

Bildrechtnachweise

UMSCHLAG
Portrait der Madame Kaulla © Landesmuseum Württemberg, Stuttgart, Foto:
P. Frankenstein, H. Zwietasch.

STAECKER/STAHL, DIE ALAMANNISCHE FRAU
Abb. 1, 3 © Archäologische Staatssammlung München, Foto: M. Eberlein.
Abb. 2, 4 a–c, 6, 7, 8 a–b © Archäologische Staatssammlung München, Foto: St. Friedrich.
Abb. 5 a–b © Bayerisches Landesamt für Denkmalpflege, Foto: wohl Werner Krämer.
Abb. 9 a–b, 11 a–b, 12, 13 a–c, 14 © Archäologische Staatssammlung München, Foto: St. Friedrich (Bearbeitung: F. Stahl).
Abb. 10 © Felicia Stahl.

HILSCH, GRÄFIN AGNES
Abb. 1 © Heidelberger Akademie der Wissenschaften. Inschriftenkommission, Foto: H. Drös.

WIDDER, GELIEBTE DES KAISERS, LANDESHERRIN, GESCHÄFTSFRAU UND NONNE.
FRAUEN IN UND UM DAS MITTELALTERLICHE WINNENDEN
Abb. 1 © Ellen Widder.
Abb. 2 © Bibliothèque francophone multimédia de Limoges, Bibliothèque Municipale, ms. 2, fol. 170v. (Ausschnitt).
Abb. 3 © Hessisches Landesmuseum Darmstadt, Foto: Wolfgang Fuhrmannek.
Abb. 4, 8 © Landesmuseum Württemberg, Signaturen: WLM 13721, 13722 (Abb. 4) und 4 WLM 5278 (Abb. 8).
Abb. 5 © Ellen Widder.
Abb. 6 © Rottenburg, Diözesanmuseum, Inv.-Nr. 2.24-27.
Abb. 7 © Rüdiger Widman, Privatbesitz Herzögliche Familie von Urach im Schloss Lichtenstein.

KLAPP, GEISTLICHE FRAUEN – MÄCHTIGE FRAUEN?
DIE ÄBTISSINNEN VON BUCHAU IM MITTELALTER
UND IN DER FRÜHEN NEUZEIT
Abb. 1 © Landesmedienzentrum Baden-Württemberg, Weischer, Signatur: LMZ493638.
Abb. 2 © Staatsarchiv Sigmaringen, Signatur: Sa T 1 L 7 W/2.

Abb. 3 © Corpus Vitrearum Deutschland/Freiburg i. Br., Foto: M. Ehrlich-Rýdlová.
Abb. 4 © Landesmuseum Württemberg, Signatur: 1973-34.
Abb. 5 © Sabine Klapp.
Abb. 6 © Entwurf: Prof. Dr. Rudolf Seigel, Erstellung der Karte: Peh & Schefcik GbR.
Abb. 7 © Landesmedienzentrum Baden-Württemberg / Weischer, Signatur: LMZ 493639.
Abb. 8 © Staatsarchiv Sigmaringen, Signatur: Dep. 30/14 T 1 Nr. 413.

RÜCKERT, ANTONIA VISCONTI UND BARBARA GONZAGA: ITALIENISCHE PRINZESSINNEN AM WÜRTTEMBERGISCHEN HOF

Abb. 1 © Raccolte d'Arte Antica del Castello Sforzesco, Milano. Copyright Comune di Milano – all rights reserved.
Abb. 2 © Hauptstaatsarchiv Stuttgart.
Abb. 3 © Bibliothèque Nationale, Paris.
Abb. 4 © Württembergische Landesbibliothek Stuttgart, Signatur: Cod. hist. fol. 130. Bild leicht beschnitten.
Abb. 5 © Archivio di Stato, Mantova.
Abb. 6 © Archivio di Stato, Mantova – Archivio Fotografico Giovetti.
Abb. 7 © Annekathrin Miegel.

KREMER, DIE HERZOGSWITWE MAGDALENA SIBYLLA VON WÜRTTEMBERG: FÖRDERIN DES FRÜHEN PIETISMUS IN WÜRTTEMBERG

Abb. 1, 3 © Universitätsbibliothek Tübingen, Abb. 3 Ausschnitt von Abbildung 1.
Abb. 2 © Württembergische Landesbibliothek Stuttgart, Signatur: R 17 Mag 1.

SCHÖNHAGEN, »UNTER KÖNIGEN ERWARB SIE SICH EINEN GROSSEN NAMEN.« KAROLINE KAULLA AUS HECHINGEN – DIE ERSTE UNTERNEHMERIN IN SÜDWESTDEUTSCHLAND

Abb. 1 © Benigna Schönhagen.
Abb. 2 © Hohenzollerische Heimatbücherei, Ub 150/V-c.
Abb. 3 © Stadtarchiv Stuttgart, Inventarnummer B 1652.
Abb. 4 © Landesmuseum Württemberg, Stuttgart, Foto: P. Frankenstein, H. Zwietasch.
Abb. 5 © The Israel Museum, Jerusalem.
Abb. 6 © Landesarchiv Baden-Württemberg, Staatsarchiv Sigmaringen, FAS DH 1 T 14 Nr. 104.